Herstellung und Verlag:
Books on Demand GmbH, Norderstedt
ISBN 978-3-8391-3511-2

**Bibliografische Information der Deutschen
Nationalbibliothek**
Die Deutsche Nationalbibliothek verzeichnet diese
Publikation in der Deutschen Nationalbibliografie;
detaillierte bibliografische Daten sind im Internet
über http://dnb.d-nb.de abrufbar.

www.sylvia-b.de
www.ein-buch-lesen.com

Sylvia B.

Foren-Troll

Ein modernes Märchen für Erwachsene

Walter-Jörg Langbein:
Vorwort zu Sylvia Bs Forentroll

Märchen bestechen durch ihre einfache Sprache. Das gilt für alte Märchen, etwa der Gebrüder Grimm. Das gilt für neue Märchen, wie jene von Sylvia B.

In den alten Märchen waren die Rollen klar verteilt: der Wolf war böse und fraß Geißlein und die Großmutter. Das tapfere Schneiderlein war gut und besiegte gewaltige Riesen.

Heute gibt es in unseren Gefilden keine Wölfe mehr, die sich im Walde herumtreiben und dem Rotkäppchen nachstellen. Die heutigen Wölfe sind indes nicht minder real als jene aus den Zeiten der Gebrüder Grimm. Doch während die Wölfe früher wie Wölfe aussahen, ist das heute anders: Sie haben sich als Schafe verkleidet und treiben in der weiten Welt der Foren ihr Unwesen.

Wie leicht hatte es da doch Rotkäppchen... eigentlich. Es musste sich nur vor Wölfen in Acht nehmen. Heutige Rotkäppchen leben sehr viel gefährlicher. In jedem Schafskleid kann ein böser »Wolf« stecken. Und schlimmer noch: Die heutigen »Wölfe«, man nennt sie »Trolle«, sind am ehesten mit mächtigen Zauberern aus der altehrwürdigen Märchenwelt vergleichbar. Sie können sich fast beliebig oft vervielfältigen und scharenweise auftreten.

Sylvia B treibt sich nicht im – vom Sterben bedrohten – Walddickicht herum. Sie hat die nicht minder undurchsichtige Welt von Unternehmertum und Aktienwesen erkundet und märchenhaft schön wie bissig dargestellt.

Sie hat Skandale in einem Hexenhäuschen aufgedeckt, wo keine Hänsels fett gefüttert, sondern illegale Rauchwaren herangezogen und veräußert wurden.

Das Wort Märchen leitet sich vom mittelhochdeutschen »Maere« her, zu Deutsch »Kunde, Bericht, Nachricht«. Märchen berichten in Prosa wundersame Begebenheiten. Wundersamer als sich das die Gebürder Grimm vorstellen konnten... geht es in der Märchenwelt von Sylvia B zu.

In ihrem dritten Märchenbuch – bestechend durch schöne, schlichte Sprache, die mit der Schärfe eines Seziermessers wahre Wirklichkeiten offen legt – entführt sie uns in das Gestrüpp der Forenwelten und lauert Trollen auf.

In Märchen kämpfen Edle gegen Riesen und Drachen. Die Edlen waren schön und gut. Die Bösen sofort zu erkennen. In der Welt der Foren kann jeder und jede ein Troll sein. Sylvia B reißt auch noch so bieder, unschuldig, dumm oder edel wirkenden Trollen die Maske vom Gesicht.

Das neue Märchen von Sylvia B ist das aktuellste und wichtigste überhaupt. Die Trolle sind höchst real. Sie agieren in einer weiten, weiten Welt, die immer größer wird. Und sie können jeden Besucher oder Bewohner eines Forums zur Verzweiflung bringen!

Sylvia Bs Waffe ist nicht der Drachentöter. Es ist die Sprache: sauber, schlicht, geradlinig, geschliffen, treffend und poetisch.... märchenhaft eben!

liebes lieschen
wie geht es dir
mir geht es gut

Du wirst dich sicher wundern
liebes lieschen
dass oben ein datum und die uhrzeit
eingefügt ist
das ist unüblich für unseren schriftwechsel
aber
das hat einen besonderen grund
ich blogge nämlich
ein blog ist eine bezeichnung
aus der internetsprache und bedeutet
in etwa tagebuch schreiben

rolle jetzt bitte nicht mit den augen
wir leben nicht im letzten jahrtausend
und ich muss schließlich mit der zeit gehen

charlotte hat auch ihre probleme
mit dieser anderen welt
die wir internet nennen
als geistwesen
ist ihr der zugang dazu verwehrt
sie sperrt sich aber auch im allgemeinen
und meint
dass meine aktivitäten unserer
spirituellen entwicklung abträglich sind

Du musst das verstehen liebes lieschen
schließlich hat charlotte in einer zeit gelebt
in der gerade erst die fernsprechapparate
in mode kamen
stell dir vor

sie musste damals an einer kurbel drehen
und dann rufen »vermittlung
geben Sie mir bitte einen teilnehmer in berlin«
die dame am anderen ende der leitung
war das fräulein vom amt
und wenn charlotte glück hatte
besaß der teilnehmer in berlin
auch einen fernsprecher
so nannte man das damals

tja lieschen
und jetzt geistert die liebe charlotte
durch unsere zeit
in der worte mittels telefon
oder tastatur und internet
wie durch gedankenübertragung
von einem ort zum nächsten wandern
das ist schon erstaunlich
und eigentlich sollte es uns nicht verwundern
dass charlotte sich dagegen sträubt

im moment hat sie mich alleine gelassen
und besucht einen kongress der geistwesen
an einem ort an dem es
keine elektrischen leitungen gibt
sie scheint nicht der einzige geist zu sein
der schwierigkeiten
mit den neuen technologien hat
wie ich sie verstanden habe
hält sie dort einen entsprechenden vortrag

wie dem auch sei
ich wollte dir liebes lieschen
die sache mit dem blog erklären

ein blog ist ein journal oder auch tagebuch
und wird auf einer so genannten webseite geführt
also zumeist als ein öffentliches dokument
blog ist eine wortkreuzung aus den englischen begriffen
world wide web und log für logbuch
klingt ein wenig wie krieg der sterne
aber lasse dich bitte nicht verwirren
im prinzip unterscheidet sich ein blog nicht
von den altmodischen tagebüchern
nur dass der erste eintrag seinerzeit
auf der ersten seite stand und dort auch blieb
und bei einem blog der folgende beitrag
wieder oben eingestellt wird
die neuesten ereignisse stehen also immer oben
so gerät der erste eintrag schnell in vergessenheit
was bei einem normalen tagebuch nicht passieren muss

ich kann schon verstehen
warum charlotte mit den augen rollt

auf jeden fall habe ich mir einen solchen blog zugelegt
es heißt übrigens das blog
der blog ist eine zulässige nebenvariante
wird aber wohl nur von anfängern benutzt
ich schreibe dir das auch nur liebes lieschen
damit Du mich nicht für einen anfänger hältst
was Du ja eh nicht machst

wie dem auch sei
ich habe mich auf einigen bloggerseiten getummelt
und ehrlich gesagt mich hat das nackte grausen gepackt
die darstellung von aspekten des eigenen lebens und
von meinungen zu spezifischen themen
hat in so manch einem beitrag
die grenze der zumutbarkeit
für mich als leserin überschritten

will ich mich vorsichtig ausdrücken
da ist von befindlichkeiten die rede
von zipperlein die plagen und von frisörbesuchen
die gründlich danebengegangen sind
nicht von prominenten
sondern von ganz normalen menschen
lieschen ich frage dich
wer interessiert sich dafür

ich schreibe dir das auch nur
weil ich ja selbst bloggen wollte
denn irgendwie dachte ich
lebe ich am leben vorbei wenn ich nicht mitmache

aber was sollte ich für beiträge schreiben
dass ich mit meinem hund
einen waldspaziergang unternommen
meine fenster geputzt und gebügelt habe
dass im wiedel eine konzertgitarre im angebot
und mir meine kamera kaputtgegangen ist
oder von gehörnschilder dass ich von meinen
besuchen beim psychater berichte und dabei
aus meinem hein einen heini mache
ehrlich gesagt liebes lieschen
das interessiert doch keinen menschen
außer vielleicht mich selbst da müsste ich schon
die kunst der gezielten überhöhung beherrschen
sonst könnte ich mir unter umständen
eine menge ärger einhandeln
also weißt Du was liebes lieschen
ich lege die idee mit dem bloggen vorsichtshalber
erst einmal auf eis und werde sehen
was mir das internet noch so zu bieten hat
in der zwischenzeit schreiben wir uns
ganz normal mit papier und stift
und verschicken unsere briefe per post

So liebes lieschen
jetzt habe ich die verträge vorliegen
im internet habe ich eine werbung gesehen
ein verlag mit namen
›schön durch reichtum‹
sucht ständig schriftsteller

und da ich ja beabsichtige
meine memoiren herauszubringen
schließlich ist meine soziale rolle
in der hiesigen gesellschaft nicht zu unterschätzen
und sollte ruhig in den mittelpunkt
der schriftlichen darstellung gerückt werden
kam mir diese anzeige sehr zupass

lieschen das ist ein sehr distinguierter verlag
ich spürte sofort das passt zu mir
meiner idee meinem leben
und auch der vertrag sieht gut aus
verschiedene modelle werden mir angeboten
die einfache variante bringt mir sechsttausend
die mittlere acht und das royal paket
satte zwölftausend
jetzt muss ich nur abklären
ob ich diese zahlungen monatlich
quartalsmäßig oder jährlich erhalte
letzteres kann ich mir beinahe nicht vorstellen
das wären ja nur tausend im monat
das erscheint mir schon zu wenig
aber klar war mir schon
dass sich die renommierten verlage
um mich reißen werden
schließlich habe ich ein imperium aufgebaut
und da dürfte natürlich meine lebensgeschichte
von bedeutung sein will ich einmal ganz bescheiden
mein lebenswerk betrachten

ja liebes lieschen wer wind sät wird irgendwann
sturm ernten und meine memoiren werden
für frischen wind in der bücherwelt sorgen
aber da ich ja nichts ohne meine marlice unternehme
habe ich ihr erst einmal die vertragsunterlagen
per faksimile in ihre kanzlei geschickt
sollten diese dann ihre rechtliche grundlage haben
werde ich sie umgehend gegenzeichnen
und dann gebe ich gas lieschen
moment das telefon läutet

so ich bin wieder am papier
lieschen Du wirst es nicht glauben
das war marlice
dieser verlag ›schön durch reichtum‹
ist kein richtiger verlag im herkömmlichen sinne
marlice hat mir den kopf gewaschen
und mir sogar zur vorsicht im umgang
mit dem internet geraten
ich könnte mir viren einfangen
es hat nichts genutzt dass ich ihr von
meinen grippeschutzimpfungen erzählte
sie hat wieder mit den augen gerollt
ich spüre das selbst durch das telefon

aber zurück zu ›schön durch reichtum‹
also stelle dir vor lieschen
dieses royal paket ist eine finte
die zwölftausend bekomme ich nicht
die müsste ich zahlen
hahahahaha
unglaublich auf welche ideen manche leute kommen
um an das geld ihrer mitmenschen zu gelangen
entschuldige ich muss den stift wieder zur seite legen
das telefon klingelt wird sicher marlice sein

oh liebes lieschen Du wirst es nicht vermuten
wer mich gerade angerufen hat
frau dr. mayer-boekloppt mit o e vom verlag
›schön durch reichtum‹

sie wollte sich erkundigen ob ich die unterlagen
erhalten gesichtet und für welches modell
ich mich entschieden habe

also bei kaltanrufen als variante der kaltakquise
reagiere ich für normal ungehalten
so auch in diesem fall
den verlauf des gespräches
möchte ich dir lieschen nicht vorenthalten
»frau dr. mayer-boekloppt«
habe ich gesagt
»ich habe den eindruck Sie wissen nicht
mit wem Sie es am anderen ende ihrer leitung
zu tun haben«

stell dir vor lieschen sie wusste es ganz genau
scheinbar hat sie die börsenbewegungen notiert

»dann wissen Sie auch frau dr. mayer-boekloppt
dass ich ein starkes unternehmen im rücken habe
natürlich genieße ich schmeicheleien
aber an den punkt dass ich dafür bezahlen muss
werde ich voraussichtlich auch in absehbarer zeit
nicht kommen«

sie meinte daraufhin dass der verlag eine leistung
erbringen würde schließlich käme ja mein buch
auf den markt und das sei natürlich
mit kosten verbunden
damit war sie bei mir an der richtigen adresse
lieschen ich bin zur höchstform aufgefahren
»frau dr.« habe ich gesagt

»seit wann ist es üblich dass für leistung bezahlt wird
und zwar vom leistenden
was meinen Sie wenn ich meinen mitarbeitern
vorschlagen würde dass sie für ihre arbeitsleistung
auch noch geld bezahlen müssten
die würden glatt dafür sorgen
dass mir ein betreuer zur seite gestellt wird«
das würde ich völlig falsch sehen bekam ich zur antwort
denn die leistung würde vom verlag erbracht
ich würde ja einen arbeitsauftrag an sie erteilen
also arbeitet der verlag und nicht ich
»dann verraten Sie mir frau dr. mayer-boekloppt
wer denn der nutznießer ihrer firmenphilosophie ist
›schön durch reichtum‹ kann nicht die schriftsteller
betreffen die Sie unter vertrag haben«

da antwortet sie mir doch stumpf dass sie autoren
nicht schriftsteller zu ihrer gemeinschaft zählt
denn ein schriftsteller müsste von dem leben
was er erschreibt ein autor braucht das nicht
und wie weit ich denn schon wäre
mit meinen memoiren
ich komme ja zu nix ständig klingelt das telefon

sie könnte mir auch ghostwriter
zu einem akzeptablen preis anbieten

mir wurde das dann doch zuviel
und so habe ich ihr geantwortet
dass ich einen eigenen hausgeist hätte
und meinem prinzip sei ich treu
›wer nicht selber macht wird gemacht‹
außerdem bin ich noch durchaus in der lage
ein weißes blatt papier mit schriftzeichen zu versehen
und überhaupt solche verträge würden von meiner
rechtsabteilung in die runde ablage verschoben

da wurde frau dr. schnippisch
und meinte dass sie auch
über eine gute rechtsabteilung verfüge
die sie mit sicherheit auch dringend benötigt

ich habe ihr dann gesagt
dass wir die beiden abteilungen
spaßeshalber aufeinander ansetzen könnten
und schauen wer wohl den kürzeren zieht
wobei ich ihr jetzt schon sagen könne
dass meine leute gegner brauchen
und keine opfer
»und wir beide frau dr. mayer-boekloppt haben die
phase in der normalerweise von verhandlungspoker
die rede sein sollte nicht erreicht
und werden sie auch nicht erreichen«

sie hat dann noch versucht
mir die leistungen des royal paketes zum preis
des einfachen angebotes zu unterbreiten
und ich solle ›elvira‹ zu ihr sagen
damit hat sie den schwachen versuch gestartet
das gespräch auf die persönliche ebene zu bringen
und ist natürlich an mir kläglich gescheitert
dem laden muss das wasser bis zum hals stehen
und ehrlich gesagt habe ich keine ambitionen
mit meinem geld auch noch meinen ruf zu verlieren

aber lieschen ich bin kein unmensch
und so habe ich frau dr. ein gegenangebot gemacht
falls sie mit einem beruflichen wechsel
schwanger gehen sollte
könne sie sich mit meiner personalabteilung
kurzfristig in verbindung setzen
dann habe ich ihr noch
einen schönen tag gewünscht

also lieschen vielleicht sollte ich mir
mit der veröffentlichung meiner lebensgeschichte
doch noch etwas zeit lassen
auf jeden fall werde ich aber jetzt gleich
meinen impfpass raussuchen
und nachsehen ob ich wirklich
gegen alle viren geschützt bin

liebes lieschen
es gibt wieder neuigkeiten
von denen ich dir berichten möchte
Du kannst dich noch an kornelia erinnern
die berühmte schriftstellerin
nun konny und ich haben telefoniert
und sie hat mich umgehend auf eine weitere
möglichkeit der kommunikation im internet hingewiesen
das so genannte chatten
ich erkläre es dir liebes lieschen

stell dir vor Du hast so eine art fernseher vor dir stehen
und eine tastatur Du klickst mit einem gerät
das maus genannt wird auf einen
bestimmten punkt auf dem bildschirm
und wie durch zauberei öffnet sich ein fenster
so dann schreibe ich also einen satz
drücke eine taste und Du lieschen
kannst auf deinem bildschirm lesen

lyrich schreibt
ich chatte jetzt   18:30

lieschen schreibt
was ist denn das   18:31

lyrich schreibt
das was wir gerade machen   18:32

15

siehst Du lieschen so einfach ist das chatten
konny hat mir alles genau erklärt und
sie hat mir auch eine adresse gegeben
dort finden sich menschen
zum gedankenaustausch zusammen
ein so genanntes forum
da bin ich dank konnys hilfe jetzt auch angemeldet
aber davon berichte ich dir ausführlich im nächsten brief

*j*etzt lieschen erzähle ich dir von diesem forum
das ist lateinisch und ein virtueller ort
wo meinungen untereinander ausgetauscht
fragen gestellt und beantwortet werden können
es nennt sich ›armer forenpoet‹
der name hat mir gleich zugesagt
diese plattform wird von einem administrator geleitet
auch wieder lateinisch für verwalter
der sich ›spitzwegerich‹ nennt
es sieht mir dort alles geordnet und harmonisch aus
und konny hat mir diese virtuelle stätte auch empfohlen
meinte allerdings ich solle
die übliche vorsicht walten lassen
die übrigens insgesamt im internet vonnöten ist
mein impfpass ist tacko
darauf achte ich wirklich

die mitglieder nennen sich user
nicht zu verwechseln
mit loser beides ist fremdländisch
klingt gleich bedeutet aber etwas anderes
jeder user legt sich einen nick zu
also wie ein pseudonym
dieser name sollte meist auch der rolle entsprechen
die der einzelne user spielen möchte

die sprache der poeten ist blumig
so habe ich mich mit meinem nick
auch dem forum angepasst
und einen begriff aus der botanik gewählt
zuerst dachte ich an die herbstzeitlose
die ist ja hoch giftig
so wollte ich ein zeichen setzen
aber dann überlegte ich mir
besser einen neutralen begriff zu wählen
so bin ich jetzt ›die lilie‹ im armen forenpoeten

einen beitrag habe ich noch nicht geschrieben
die werden übrigens fred genannt oder so ähnlich
es ist viel fremdländisches zeug dabei
das ich lernen muss
aber kommt zeit kommt wissen
die anderen user pflegen auch noch
eine signatur unter ihre beiträge zu setzen
da habe ich lange überlegt und mich entschlossen
den satz einzubringen
›eigentlich bin ich perfekt wäre da nicht
mein hang zum wilden aktionismus‹

also ich finde lieschen
das sieht alles schon sehr ordentlich aus
mit meiner darstellung in diesem forum
und meine rolle dort wird zum anfang
darin bestehen mich in die beiträge
der forumskollegen einzulesen

ist schon interessant was sich dort tummelt
zuerst ist mir ›evita m b‹ aufgefallen
m b bedeutet vermutlich megabyte und ist
die maßeinheit für eine datenmenge
ganz schon kompliziert liebes lieschen
evita hat die signatur ›reich macht schön‹

dieser spruch scheint wohl im moment in zu sein
aber evita hat schon sehr viele beiträge geschrieben
und ist wohl irgendwie mit heiderose befreundet
die kommentiert alles was evita schreibt
heiderose hat in ihrer signatur stehen
›ich will reich sein und schön‹
meine güte lieschen
das wird doch keine sekte sein

dann kommentiert auch noch eine gewisse ›alraune‹
sehr viel und zum teil äußerst kritisch
wer mir zudem gleich aufgefallen ist
ein user der sich ›blaumann‹ nennt
komisch dieser nick
›jedem das seine mir das meiste‹
steht in seiner signatur
das lässt schon tief blicken
ein solches rollenverhalten
weißt Du was lieschen
dieser blaumann hat sich in einem fred
regelrecht gefetzt mit einem gewissen
›cannabis matthes‹ naja ist ja irgendwie
auch eine pflanze
c m hat blaumann erbsenzählerei vorgeworfen
und dieser hat gekontert
dass c m erst einmal ein buch vorlegen soll
bevor er wieder vortritt
ob blaumann schriftsteller ist

irgendwie traue ich mich nicht so recht
einen fred zu eröffnen ich könnte mich ja einfach
nur vorstellen und schreiben dass ich vorhabe
ein buch zu veröffentlichen
mir aber noch der geeignete verlag dazu fehlt
das werde ich doch gleich einmal einstellen
und schauen was passiert

so liebes lieschen gesagt getan
der fred steht im forum und jetzt
bin ich auf die kommentare gespannt
eine merkwürdige private nachricht habe ich allerdings
von einem gewissen leonce erhalten
er schreibt mir folgende mysteriöse zeilen

«schöne lilie nach langem
ziehe ich nun konsequenzen
denn mir wird ganz angst und bange
vor vertrollten forentänzen
und so ziehe ich von dannen
ich mein leiden so beende
will nicht länger sein gefangen
in der trolle garst'gen hände
bete nicht dass mich was hindert
weiß zu schätzen deine mühe
meld' mich ab was schmerzen lindert
schwimm' mich frei aus forenbrühe*»

bevor ich leonce antworten konnte
ist er verschwunden
mit ihm eine gewisse lena
was soll denn das
und wieso soll ich schön sein
der kennt mich doch überhaupt nicht
und außerdem
was sind denn ›trolle‹
lieschen jetzt verstehe ich überhaupt nichts mehr

aber egal
es sind fast nur nette anmerkungen
zu meinem beitrag geschrieben worden
und eigentlich könnte ich mich schon
heimatlich beschwingt auf diesem
marktplatz der poesie fühlen

cannabis matthes hat mir aber auch
einen kommentar geschrieben
halte dich fest lieschen
»schon wieder eine möchtegernschriftstellerin
die ihren seelenmüll unter die leserschaft werfen will
das forum quillt über von leuten die nichts vernünftiges
zu sagen und zu schreiben haben und nicht wissen
was den unterschied zwischen
chevron und guillemet ausmacht
alles stümper außer mir«

blaumann hat sofort gekontert und
»trollalarm« geschrieben
das hat mir einen furchtbaren schreck eingejagt
und ich habe mich sofort ausgeloggt
das mache ich wenn ich nicht mehr on sein will
alles sehr kompliziert

aber ich denke ich sollte mich kundig tun
jetzt will ich doch genau wissen
was es mit den trollen auf sich hat

*l*iebes lieschen ich bin fündig geworden
es gibt sie tatsächlich
die seite im netz die sich ausgiebig
mit foren beschäftigt
das ›heiseforumwiki‹ wiki steht für ›wikipedia‹
und weißt Du wie sich das wort zusammensetzt
richtig wieder zwei fremdländische ausdrücke
›wikiwiki‹ ist hawaiisch und bedeutet ›sehr schnell‹
gut zu wissen denn einige grundbegriffe
der einheimischen sprache sollte ich schon beherrschen
wenn ich urlaub dort machen möchte wie dem auch sei
auf dieser wikiseite habe ich ganz viele informationen
über foren im besonderen und allgemeinen erhalten

tatsächlich setzt sich ein ganzes kapitel
mit trollen auseinander
der begriff troll stammt übrigens aus dem
fremdländischenglischen und bedeutet
trällern angeln fischen hat also recht wenig
mit irgendwelchen sagengestalten zu tun
trotzdem wurden seinerzeit die ersten reservate
und biotope extra für trolle eingerichtet
als unterabteilung im heiseforum
dort hätten sich diese spezies ungehindert
austrollen können was sie aber nicht tat
und so haben sich normale user in ihrer verzweiflung
in diesen reservaten aufgehalten um in ruhe und mit
bedacht fragen zu stellen antworten zu erhalten und
gespräche zu führen bis sie dann von den trollen
aufgespürt wurden und ins exil gehen mussten

das mit den trollen ist eine böse angelegenheit
bezeichnet es doch das gezielte provozieren und
beleidigungsschlammschlachten führen
all das nur um aufmerksamkeit zu erzielen
so ist es nachzulesen aber liebes lieschen
ich frage mich natürlich auch
ob in jedem fall ein solcher grund vorliegt
darum habe ich mir überlegt
den schöpfer dieser umfangreichen wissensbank
anzuschreiben um ihn um weitere
informationen zu bitten und zu erfragen
welche maßnahmen sinnvoll sind
im umgang mit dieser besonderen spezies

denn als einzige aktion gegen trolle
wird genannt dass sie nicht gefüttert werden sollen
aber einfach ignorieren
ehrlich lieschen
ich kann mir nicht denken dass das ausreicht

sei es drum ich habe über umwege
›yoga bookwalker‹ ausfindig gemacht
er ist ein kenner der trollszene
angeschrieben habe ich ihn schon
und warte nun auf seine antwort
und wenn ich die erhalten habe
lasse ich es dich umgehend wissen

bis dahin halte ich mich
im armen forenpoeten
erst einmal mit antworten zurück

wer weiß ob dieser cannabis matthes
nicht irgendetwas ansteckendes in sich trägt
und so ganz sicher bin ich nicht
ob mein schutz ausreicht
aber ich kann mich auch nicht
gegen alles und jedes impfen lassen

aber vielleicht hat yoga bookwalker ja eine idee
und wird sich bestimmt dazu äußern können
bis dahin liebes lieschen
werde ich mich noch ein wenig
in die typologie der trolle einlesen

*i*ch komme zu nichts lieschen
vorhin kam charlotte kurz hereingegeistert
teilte mir mit dass ihr vortrag ein voller erfolg war
ehrlich gesagt habe ich auch nichts anderes erwartet
ließ mich wissen dass sie bereits auf dem weg
zu ihrem nächsten seminar sei
empfahl mir zum schutz
die hermetischen gesetze anzuwenden
ich solle ›hermes trismegistos‹ verinnerlichen
lieschen dieser griechische ägypter hat nie gelebt

ganz besonders soll ich auf schwingungen achten
und gelegentlich transformieren dann
wünschte sie mir weisheit um mein wissen auch nutzen
und weg war meine charlotte wieder
in geistgeschwindigkeit entfleucht

ach falls ich sie dringend brauchen sollte
muss ich nur ganz stark an sie denken
das hätte ich jetzt beinahe vergessen
nun ja liebes lieschen
charlotte entwickelt sich spirituell deutlich weiter
scheint mir
wenn sie denn keine weiterbildung weiterhin auslässt
aber es ist ihr leben als geist
es steht mir nicht zu sie zu kritisieren
das ist der lauf der zeit die geister gehen eigene wege
und ich will nicht klagen aber ohne sie fühle ich mich
irgendwie nicht komplett

kornelia rief mich auch an und teilte mir mit
dass ihr neues werk diesmal ein sachbuch sei
sie hat wirklich sehr fleißig und ordentlich
daran gearbeitet hervorragend recherchiert
was jeder schriftsteller auch machen sollte
das buch trägt den titel
›über das leben im allgemeinen
unter besonderer berücksichtigung
des sauerstoffverbrauchs einer fliege im sturzflug‹
da staunst Du lieschen
ja unsere konny ist eine gute

und dann liebes lieschen hat mir konny
einen großen schrecken eingejagt
indem sie mir mitteilte dass sie ihr buch
im armen poetenforum vorgestellt hat
um von den suchmaschinen erfasst zu werden

»himmel konny« habe ich ausgerufen
»hast Du dir wehgetan
von maschinen erfasst unglaublich«

lieschen mit dieser aussage habe ich mich
bis auf die knochen blamiert und kornelia
konnte sich nicht mehr beruhigen vor lachen
»suchmaschinen können nicht direkt
leid zufügen sondern sind ein wichtiges instrument
um im internet gefunden zu werden«
klärte mich konny auf
lieschen ich gebe dir recht auch ich
mag nicht von einer maschine verfolgt werden
aber so ist die merkwürdige internetwelt
nun einmal gestaltet und vieles ist
für normal strukturierte kleingeister wie wir es sind
einfach nicht nachvollziehbar

wir plauderten noch über dies und das
natürlich kam die sache mit cannabis matthes
auch noch zur sprache
da konny ja über die gepflogenheiten
im armen forenpoeten bestens informiert ist
hat sie auch spontan ausgesprochen
dass c m ein übler troll sei und das sogar
einer von der übelsten sorte
sie sei dafür dass dieser übeltäter umgehend
des forums verwiesen wird sprach die vermutung aus
dass es sich um ein ehemaliges mitglied handle
das sich ständig unter wechselnden nicks
neu anmelde und nur unfrieden stifte
liebes lieschen c m ist
ein unangenehmer zeitgenosse

im anschluss an das gespräch
habe dann doch noch ein auge in das forum riskiert

was soll ich dir sagen und schreiben
dieser unselige kommentar von c m
ist von spitzwegerich gelöscht worden
und unter dem namen von c m steht höflich gast
da habe ich erst einmal tief durchgeatmet
und die weiteren kommentare zu meinem beitrag
in ruhe studiert und beantwortet
die letzte anmerkung stammt übrigens
von einem neuen user der sich ›aschwutz‹ nennt
und in seiner signatur
etwas sehr merkwürdiges stehen hat
er sei ›das furunkel am forenhintern‹

also lieschen ich muss mich wirklich fragen
ob der arme forenpoet das richtige für mich ist
dass spitzwegerich so etwas duldet
aber dann habe ich die zähnchen zusammengebissen
und habe tapfer nach
konnys buchvorstellung ausschau gehalten
ohne vorher den kommentar von aschwutz
zu beantworten da vergesse ich doch meine höflichkeit
hat er doch tatsächlich geschrieben
dass ich mir für meine seelischen befindlichkeiten
besser einen therapeuten
und keinen verlag suchen solle

unverschämtheit oder wie siehst Du das lieschen

aber richtig los ging es in konnys fred
lieschen so eine freude
die kollegen waren des lobes voll
selbst blaumann beschrieb kornelias werk
als meilenstein und schrieb wörtlich
»ja, das deutsche buch ist ein kulturgut
und keine salami«
das hat mein herzchen mit freude erfüllt

eintracht und gemütlichkeit im fred
leider konnte ich von heiderose keine anmerkung
entdecken vielleicht macht sie urlaub
aber stell dir vor lieschen
evita m b hat mitgeteilt dass sie das buch
in der nächsten zeit vielleicht bestellen
und dann auf der plattform ›bruenhilde.ow‹
auf der die bücher verkauft werden
eine rezension erstellen wolle
das ist eine produktbesprechung lieschen
und dient der verkaufsförderung
ist das nicht eine frohe kunde
ja es gibt auch nette user
und dieses ereignis hat mich fast vergessen lassen
dass ich ja noch ein wichtiges chatgespräch
mit yoga bookwalker führen wollte
es geht hier auch zu wie in einem taubenschlag

er hat sich zwischenzeitlich bei mir gemeldet
auf jeden fall scheint der kontakt zu yoga
doch noch eine fruchtbare angelegenheit zu werden
von der ich dir liebes lieschen
ausführlich in meinem nächsten brief an dich
berichten werde

*S*o liebes lieschen
endlich komme ich dazu
dir von den neuesten entwicklungen zu berichten

aus bestimmten motiven die ihre ursache
in geheimnistuerischen gründen haben
darf ich dir nicht alles mitteilen
was ich in der letzten zeit erfahren habe
nimm das bitte nicht persönlich
Du weißt dass ich normalerweise

keine heimlichkeiten vor dir habe
aber diese angelegenheit
ist mit einem versprechen verbunden
ich bin verpflichtet worden über bestimmte dinge
zu schweigen und ehrenwort ist ehrenwort

soviel darf ich dir aber mitteilen
ich habe bei yoga bookwalker
einen lehrgang in seinem virtuellen trainingslager
absolviert und mich zum ›trollminator‹
ausbilden lassen
und damit nicht genug habe ich dabei
den grad der unanscheißbarkeit erreicht
mithin stehe ich damit gleich unter
meister yoga in der hierachie der trollminatoren

bist Du stolz auf mich
Du kannst es mir ruhig sagen wenn dem so ist

im ersten ausbildungsabschnitt
habe ich etwas über die geschichte
der trollminatoren erfahren
es gibt uns noch nicht lange
und entstanden sind wir aus der notwendigkeit
so ist das ja immer
und diese notwendigkeit führte auch dazu
dass ›die internationale vereinigung zum schutz
des users vor trollen‹ kurz ›trollminatorenvereinigung‹
oder auch ›trollfug‹ genannt mit sitz in bern
die arbeit aufnahm
wir sind natürlich kein eingetragener verein
sondern arbeiten eher auf partisanenebene
wobei ich dazu sagen kann
ein partisan bewirkt mehr als hundert söldner
aber wem schreibe ich das

darum wird uns auch aufgetragen
dass wir unsere dienste einem forum
nicht anbieten sollen
wir arbeiten eher übergreifend konspirativ
und natürlich geheim aber das sagte ich schon

im zweiten ausbildungsgang habe ich dann
ganz viel über die natur der trolle erfahren
und wie es geschehen kann
dass ein ganz normaler mensch
plötzlich ein trolliges verhalten
an den tag legt
angewandte trollpsychologie
nennt sich dieser studiengang
darin werden auch die besonderen trolltypen
vorgestellt analysiert und
da auch hier die aussage greift
›gefahr erkannt gefahr gebannt‹
sinnvolle verhaltensmaßregeln vorgestellt
und anhand von fallbeispielen
lösungsmöglichkeiten erarbeitet

das war der umfassendste
angebotsbereich des bildungsträgers
und schloss mit dem abschluss
›graduierte trollminatorin‹ ab

richtig lieschen
Du kennst mich zu gut und weißt
mit einem solchen titel gebe ich mich
nicht zufrieden
yoga bookwalker war angetan
von meiner leistung und motivation
darum hat er mich auch persönlich
unter seine fittiche genommen
und so bin ich denn auch in den genuss

der erweiterten ausbildung gekommen
mit deren abschluss ich den seltenen
grad der unanscheißbarkeit erworben habe

meine aufgabe wird es sein
in foren ausschau zu halten nach trollen
sie zu sichten und unschädlich zu machen
wobei ich dir sagen kann dass die meisten trolle
eher harmloser natur sind
wenn sie sich aber verbrüdern
können sie schon erheblichen schaden verursachen
sogar foren zutrollen und damit ganze forenbetriebe
zum erliegen bringen
aber wie gesagt dem ist durchaus beizukommen
und die meisten foren haben auch wächter
so genannte moderatoren
die bei bedarf in das geschehen eingreifen
insofern besteht kein grund zur panik
aber
es hat sich unbemerkt eine trollmutation
im netz breit gemacht
dem gilt meine volle aufmerksamkeit
und jetzt schreibe ich dir die größte
geheime heimlichkeit und verpflichte dich
zur absoluten verschwiegenheit
dieser mutant ist der
›trollus abnormus destructivus‹
kurz ›tadus‹ genannt
und lieschen
diese trollform ist auf vernichtung aus
aber fürchte dich nicht
jetzt gebe ich gas und alles wird gut

die erste maßnahme als frischgebackene
trollminatorin bestand für mich darin
ein selbstbewusstes auge in
den armen forenpoeten zu werfen
um dort meine erlernten fähigkeiten
auch gleich anzuwenden

es hatte sich einiges während meiner abwesenheit getan
so konnte ich einige neue user
in der mitgliederliste erkennen
aufgefallen ist mir ein ›dornengestrüpp‹
und ein ›kleiner kaktus‹ hatte einen fred eröffnet
und angefragt ob jemand die pluralform
von kaktus wisse dabei auch eigene überlegungen
angeführt die von kaktüssen bis kakturen reichten
sie plane ihr werk das sie sinnigerweise
›geistige ergüsse eines kleinen kaktüsses‹
nennen wollte gleich an viele ›verläge‹ zu senden
es ging ihr im moment also nur um den plural
nun ist es nicht meine art
dir liebes lieschen das elend der welt
so brutal vor augen zu führen
ich schreibe dir das auch nur
weil es eben zur sache passt

dornengestrüpp hatte den ersten kommentar abgegeben
und schrieb dass sie selten einen solchen schwachsinn
in einem forum gelesen habe
das sich ausgerechnet mit literatur beschäftige
heiderose meinte dass sie schließlich
schriftstellerin studiert habe
und deshalb kompetent sagen kann
dass der kleine kaktus grottenschlechten mist
produziert habe und es sei eine zumutung
den beitrag überhaupt zu kommentieren

evita m b relativierte und meinte
dass noch kein meister vom poetischen himmel
gefallen sei und mit ein wenig gutem willen
sei bestimmt noch was zu retten
und außerdem habe sie auch
das schreiben ausgiebig studiert
kleiner kaktus meldete sich dann zu wort
und gab kund dass sie auch gerade studiert
und es ginge ihr doch nur um den plural

richtig lieschen nicht mehr als
dröges forengeschwafel und bestimmt
nicht der erwähnung wert
wenn nicht aschwutz der mit dem furunkel
auch noch einen beitrag gelistet hätte
»das deutsche buch ist ein kulturgut
und verkommt hier zur salami«
aha dachte ich und dann sehe ich
dass aschwutz mit p f gezeichnet hat
da konnte ich zum ersten mal
von meiner ausbildung gebrauch machen
dem habe ich es gegeben denn lieschen
ganz wichtig ein trollminator muss sofort zuschlagen
noch bevor ein fred in den brunnen fällt

»sieh an aschwutz Du furunkel«
habe ich gepostet
»oder soll ich besser sagen peter frustig oder
cannabis matthes Du bist enttarnt gestehe
und texte klauen kannst Du auch«
das mit peter frustig hatte mir kornelia erzählt
ein gescheiterter autor der seine letzte habe
in den druck einer buchreihe gesteckt hatte zum thema
›gibt der klimawandel anlass eskimos mit durch
solarkollektoren betriebene kühlschränken zu beliefern‹

das hätte ich peter auch vorher sagen können
dass er mit einem solchen projekt
keinen blumentopf gewinnen kann
nun gibt er seinem namen alle ehre
und trollt wohl mittels eines internetcafes
durch die foren ein typisches beispiel für die gattung
›trollus absolutus frustus‹ oder ›gewöhnlicher frusttroll‹
ob nach peter benannt weiß ich natürlich nicht

na dem peter dürften auf jeden fall
die gesichtszüge entglitten sein
er bezeichnete mich noch als stinkpilz
und verschwand spurlos

blaumann setze noch eine bemerkung
in den fred »aschwutz Du dieb
die salami war von mir«
das brauchte er wohl irgendwie für seine
ganz persönliche seelenhygiene
notwendig war es nicht mehr
wenn jemand am boden liegt
wird nicht nachgetreten

bedankt hat sich niemand bei mir
bis auf spitzwegerich der teilte mir mit
dass er ein paar tage urlaub machen will
in irgendeiner wüste gaby und ob ich so lieb sei
in der zeit im forenpoeten
nach dem rechten zu sehen

es stehen zwar in den nächsten tagen einige
aufsichtsratsitzungen an
ich bin ja immer noch vorstand
aber irgendwie lässt sich das sicher
in einklang bringen
aber davon berichte ich dir liebes lieschen
in meinem nächsten brief

So mein liebes lieschen die sitzungen
habe ich jetzt auch abgefrühstückt alles tacko
trotz wirtschaftskrise stimmen die zahlen
und das spricht für meine firmenphilosophie
aber ich will dich nicht langweilen
außerdem habe ich dir ja schon in meinen
›briefe an lieschen‹ genug hintergrundwissen
vermittelt so will ich doch hoffen

übrigens hat helma dem neffen ihres schwippschwagers
einen posten besorgt und dieser knabe
fühlte sich berufen einen vorschlag zu unterbreiten
er darf das auch im prinzip außerdem ist er jung
und braucht das geld
so kam er mit der überlegung herüber
aktienanteile einer firma zu erwerben
die in nächster zeit an die börse wolle
eine winzige falte zeigte sich daraufhin
an meiner stirn er führte aber weiter aus
dass es sich um ein verlagsunternehmen
handeln würde das in der letzten zeit
durch expansion positiv aufgefallen sei
ich habe sofort an meine memoiren gedacht
mir umgehend den namen notiert
und einen seitenblick zu helma gewagt
diese starrte nur aus dem fenster
und drohte zu implodieren
das unternehmen würde im zeitgeist operieren
nur drucken was schon verkauft sei
und ganz eng mit bruenhilde.ow zusammenarbeiten

da habe ich so getan
als würde mich das überhaupt nicht interessieren
der junge mann führte noch weiter aus dass
die enge zusammenarbeit mit einem kaffeeröster
es ermöglichen würde zu einer buchherstellung

noch gleichzeitig ein pfund kaffee
zum vorzugspreis zu erhalten
damit würde eine breite bevölkerungsschicht
dergestalt angesprochen eigene werke
zu produzieren die dann wiederum
auf bruenhilde.ow zum verkauf stünden
das dürften genug argumente sein
um den gang an die börse mit dem erwerb
von vorzugsaktien zu stützen

an dieser stelle habe ich mich höflich
bei dem jungen mitarbeiter bedankt und ihn
höchstpersönlich zur und vor die tür begleitet
»junger mann« habe ich gesagt »Sie sind noch nicht
lange in meinem unternehmen beschäftigt«
er verlor zunehmend an gesichtsfarbe
»und Sie dürften sich noch in der probezeit befinden«
seine gesichtszüge entglitten
»sehen Sie junger mann ich vermute dass Sie
die finanzierung des aktiendepots über einsparungen
bei den personalkosten errechnet haben«
er zitterte wie espenlaub und tat mir schon leid
»junger mann obwohl Sie sich in der probezeit befinden
werden Sie sich über eine zuwendung zu weihnachten
freuen dürfen genau wie alle anderen mitarbeiter auch
so soll es sein und so wird es bleiben
und auch in diesem jahr habe ich eine goldmedaille für
vorbildliche unternehmensführung erhalten
und das soll auch im nächsten jahr so sein«
ich hatte das gefühl der knabe
war seiner muttersprache verlustig geworden
»und noch etwas sollten Sie sich merken
ein unternehmen gehört mir ganz oder gar nicht
also wenn dieser verlag zum verkauf steht
lassen Sie es mich wissen dann überlege ich es mir
vielleicht«

obwohl ehrlich gesagt lieschen
es macht keinen guten eindruck
einen verlag zu kaufen
nur um ein buch herauszubringen

*N*a liebes lieschen wie geht es dir
es sind ja wieder einige tage ins land gestrichen
und ich berichte dir was in der zeit geschehen ist

meine charlotte hat es tatsächlich geschafft
einen ganzen tag mit mir zu verbringen
diesmal hörte sie mir nachdenklich zu
als ich ihr von den ereignissen im forum berichtete
und führte nur kurz aus
dass manche verhaltensweisen der menschen
den eindruck entstehen lassen
dass diese menschen
von allen guten geistern verlassen sind
nun charlotte lässt mich in letzter zeit
auch viel alleine doch da entgegnete sie mir
die möglichkeit sie um hilfe zu bitten
sei ja gegeben und wenn ich keinen anlass sehe
davon gebrauch zu machen
sei das meine entscheidung
sie sei immer für mich da das solle ich nie vergessen

irgendwie kam mir charlotte merkwürdig vor
da ist doch was im busch und ich habe sie
auch sofort darauf angesprochen ob sie mir
etwas verheimlichen würde
da antwortete sie mir äußerst merkwürdig
»ein mensch ist kein mensch
wenn sein guter geist ihn verlässt
und der gute geist leidet auch
wenn er keine heimat mehr hat«

sie wirkte äußerst betrübt wollte aber
keine weitere stellungnahme dazu abgeben
nur »Du wirst uns rufen wenn die zeit reif ist«
und dann war sie auch wieder weg meine charlotte
geister scheinen wirklich unruhige seelen zu sein
verstehe das wer will

Wie dem auch sei liebes lieschen
der arme forenpoet sollte betreut werden
spitzwegerich war auf große fahrt
und ich wollte die mir anvertraute aufgabe
auch gewissenhaft erledigen
so loggte ich mich ein und machte
einen virtuellen rundgang
durch die einzelnen abteilungen

axelshirt hatte einen selbstgemachten text
in die ›poesie ecke‹ eingestellt
den fred hat er mit ›gedicht eines kenners‹ benannt
lieschen manchmal tun sich uns abgründe auf
»frauen sind billig
und sind sie nicht willig
so taugen sie nichts
und sind meiner nicht würdig«

richtig lieschen ein ›trollus prollordinaerus‹
oder auch ›gewöhnlicher prolltroll‹ genannt
der darf und kann in keinem forum fehlen
für diese spezies gilt absolutes fütterverbot
komplett ignorieren
und das lobe ich mir im armen forenpoeten
daran halten sich tatsächlich alle anderen user
und jetzt erkläre ich dir eine weitere vorgehensweise
des prolltrolls

wird ihm keine beachtung geschenkt
führt das zu einer kurzfristigen vermehrung
in diesem konkreten fall tauchte plötzlich
ein user mit namen ›vierzigzentimeter‹ auf
und es kam zu einem kurzen meinungsaustausch
zwischen den beiden auf den ich aber hier
nicht näher eingehen möchte ich glaube aber
Du kannst dir ungefähr vorstellen um was es da ging
der fred hatte es innerhalb kürzester zeit geschafft
auf vierstellige aufrufklicks zu kommen
nachdem dann axelshirt nachfragte ob es denn
sonst niemanden gäbe der zu seinem gedicht
etwas zu sagen habe und tatsächlich nur eisiges
schweigen zu vernehmen war postete er kurz
»arrogantes schreiberlinggesindel«
und loggte sich doppelt aus

an dieser stelle will ich dich kurz aufklären
es gibt unter den prolltrollen zwei untergruppen
die ›harmlosordinaeren‹ und die ›extremvulgaeren‹
bei letzteren sollte schon eingegriffen
und beiträge müssen schnell gelöscht werden
da in der anfangsphase nicht klar erkennbar ist
welcher gattung der prolltroll angehört
ist ein trollminator einfach gezwungen
die weitere entwicklung abzuwarten

in diesem fall mit axelshirt ist es
noch einmal gut gegangen
spitzwegerich hatte mir die option zugewiesen
im zweifelsfall die funktion
›unsichtbar machen‹ anzuwenden
sprich beiträge nicht sichtbar
erscheinen zu lassen

nach seiner rückkehr will er dann selbst entscheiden
wie im einzelnen fall zu verfahren sei
es kann ja nicht einfach fröhlich drauflos
gelöscht werden spitzwegerich ist schließlich
kein selbstherrlicher diktator

immer wieder muss ich mir auch
yoga bookwalkers weise worte
vor augen führen die da lauten
»hinter jedem troll steht
ein verwirrtes menschenkind
und hinter manch einer trollinvasion
verbirgt sich auch nur ein irres menschlein
dem manchmal nur
ein schlag in den nacken fehlt
bildlich gesprochen«

so ist es in der tat lieschen

der arme forenpoet verfügt über
eine ›bunte blumenwiese‹ auf der beiträge
gepostet werden können
die nicht in die anderen abteilungen passen

dort werden fragen zu den wetteraussichten gestellt
neueste behandlungsmethoden beim handgelenkkatarrh
besprochen übrigens eine weitverbreitete erkrankung
unter autoren und schriftstellern
eben kunterbunte themen in ihrer vielfalt behandelt

in unregelmäßigen abständen postet dort
ein gewisser ›schnodgar‹ seine beiträge
die sich meistens um die sonderangebote
diverser spirituosenanbieter drehen
da schnodgar zumeist irgendwie orientierungslos
durch den armen forenpoeten geistert
bin ich geneigt ihn in die kategorie

›trollus spirituosa‹ einzuordnen oder wie
der volkmund ihn nennt ›schnapsdrosseltroll‹
diese gattung ist zwar nervig aber zumeist nur
sporadisch aktiv und es scheint völlig auszureichen
wenn er den kommentar erhält
»schnodgar leg dich schlafen«
siehst Du lieschen so schlimm wie wir
vermutet haben ist es
nicht immer um die trolle bestellt

allerdings treibt sich noch ein
gewisser ›denkerpinkel‹
der äußerst anstrengend ist
zumeist in der schreibstube herum
und versucht den begabten autoren
einen gedankenstrich aufzuschwatzen
wo ein bindestrich voll und ganz
genügen würde
meiner meinung nach gehört
denkerpinkel zu den gewöhnlichen
nervtötertrollen oder wie der lateiner sagt
›trollus vulgare chordatus‹
einer äußerst hartnäckig
und durchaus auch schädlichen spezies

so habe ich mir sagen lassen
dass es bei dieser trollart
zum einen den ›trollus chordatus simplus‹
als nervensägevariante aber auch
den › chordatus mobbus‹ gibt
dieser ist übel liebes lieschen
denn er versteht es vorzüglich
selbst kampferprobte user
in den wahnsinn zu treiben

wobei sich in der schreibstube auch blaumann
engagiert aufhält und mit denkerpinkel
richtige gefechte austrägt
da wird um jedes komma erbittert gekämpft
jeder absatz und einzug bis zum exzess
ausdiskutiert und beide lassen sich da nicht
die butter vom brot nehmen
da spielt es auch keine rolle mehr
ob sich der fragesteller längst aus dem
gefecht frustriert zurückgezogen hat
es wird gerungen um des ringens willen

ich mische mich dort nicht ein
solche erbsenzählerei ist nicht mein ding
dafür habe ich meine buchhaltung
das brauche ich nicht noch in meiner freien zeit
und solange blaumann nicht trollalarm schreibt
sollen mir die scharmützel schnurz sein

so langsam kommen mir gedanken
ob yoga bookwalker nicht übertrieben hat
mit seiner ansicht dass zerstörerische elemente
ihr unwesen treiben aber weißt Du
liebes lieschen es schadet nichts
auch wenn mir der gedanke kommt
ich sei überqualifiziert wer weiß
wozu ich die weiterbildung bei ihm
noch gebrauchen kann denn
hand aufs herz begegnen wir nicht auch
im realen leben immer mal wieder menschen
die sich bei näherer betrachtung durchaus
als troll erweisen

wie dem auch sei es scheint ruhe
im armen forenpoeten zu sein und da ich
bei meiner lektüre der beiträge den ein

und anderen durchaus hilfreichen tipp
abfischen konnte
werde ich mich jetzt an die arbeit machen
mit meinen memoiren beginnen
und nur noch einen oberflächlichen kontrollblick
auf die beiträge im forum werfen

*e*s ist nicht so einfach mein liebes lieschen
die richtigen worte zu finden
jedenfalls für mich die ich ja
autorentechnisch ein neuling bin
auf jeden fall quäle ich mich jetzt schon
eine geraume zeit mit meinen memoiren herum
und muss dir leider gestehen dass ich
die erste seite meines werkes
noch nicht vollständig beschrieben habe
aber aller anfang ist schwer und ich muss
zugeben dass ich mich gerne ablenken lasse
um zwischendurch die neuen beiträge zu lesen

stell dir vor lieschen
kornelia hat einen fred eröffnet
in dem sie uns mitteilt
dass sich bereits die internationale presse
für ihr sachbuch interessiert

das ist natürlich die sensationsmeldung
im armen forenpoeten
aber ich will dir ehrlich schreiben
mich wundert konnys erfolg nicht
immerhin ist das buch ein produkt
wissenschaftlicher mühen
und wie ich mich überzeugen konnte
sprechen die verkaufszahlen
auf bruenhilde.ow eine deutliche sprache

ebenso die buchbesprechungen
verbunden mit den bewertungen
die durch die bank mit höchstpunktzahl
das werk auszeichnen
das hat sich konny redlich verdient
so soll es sein

und auch die anderen kollegen im forum
sind des lobes voll und werden nicht müde
konny für diesen erfolg ihre glückwünsche
auszusprechen und fragen
zu den vielen presseterminen zu stellen
ja lieschen unsere konny ist
eine prominente persönlichkeit

diesmal ist es heiderose die einen beitrag leistet
und verkündet dass sie ein buch erwerben
und sich entsprechend dazu äußern werde
sie gehört zu der viererbande
wie ich es scherzhaft nenne und hat selbst
wie auch der kleine kaktus bisher ein buch
herausgebracht im gegensatz zu evita m b
und dornengestrüpp die beide schon
mit zwei veröffentlichungen glänzen
was diese autorinnen auch ohne sichtbare
ermüdungserscheinungen fast schon täglich
im forum tun ist sich gegenseitig zu beglänzen
mir kommt es ein wenig dick aufgetragen vor
wie sich die vier gegenseitig belobigen
aber autoren sind nun einmal
ein seltsames häufchen
und im grunde genommen ist es ja eine
feine sache wenn ein solcher austausch
stattfinden kann denn alle vier scheinen
nur zu unregelmäßigen zeiten und nie gleichzeitig
über die möglichkeit einer konversation zu verfügen

das kann ich daran festmachen
dass die mitglieder namentlich aufgeführt sind
wenn sie im forum erscheinen
eine sehr praktische sache
diese anzeigefunktion

da bin ich gespannt
was heiderose zu konnys buch schreibt
kollegen sollten sich unterstützen
wo immer es geht

charlotte hat mich übrigens auch beehrt
ich habe ihr die neuigkeit sofort mitgeteilt
sie antwortete mir allerdings mit einem
eher traurigen »ja ich weiß«
was ich nicht verstehen konnte
aber so wie es aussieht müssen wohl
einige geistwesen große probleme
mit ihren menschen haben
wie gut dass das nicht auf charlotte
und mich zutrifft

so liebes lieschen
jetzt werde ich mich
frisch und frei
wieder an die arbeit machen
und berichte dir
in meinem nächsten brief
wie sich die dinge
weiter entwickelt
haben

Meine güte liebes lieschen
mir fehlen die worte um einen begriff
dafür zu finden was sich im armen forenpoeten
in den letzten tagen ereignet hat

ein ›super gafa‹ hat das forum heimgesucht
›der größte anzunehmende forentroll angriff‹
als solcher von mir erkannt
dank schulung durch yoga bookwalker

aber von ›gefahr gebannt‹
kann keine rede sein
jedenfalls nicht im moment
soviel sei geschrieben
die chats laufen heiß
im forum ist chaos
die lage ist außer kontrolle
und tränen sind geflossen

also von mir liebes lieschen
zuerst die darstellung der ereignisse
bis zum status quo

alles fing ganz harmlos an
kleiner kaktus suchte wieder nach
irgendeinem plural worauf ihr
blaumann nahe legte doch endlich
ein weiterbildungsangebot irgendeines
trägers der erwachsenenbildung
ins auge zu fassen
kleiner kaktus erwiderte dass sie schließlich
schriftstellerei im fernkurs studiere
und für so etwas profanes wie bildung
kein geld rausschmeißen würde
konny konnte scheinbar nicht an sich halten
und kommentierte mit der bemerkung
»die kunst im forum ist nie zu erwachen«

der kleine kaktus loggte sich daraufhin aus
heiderose loggte sich ein
und belegte konnys kommentar
mit folgenden zeilen

»unter dem deckmantel von lieben tanten
wird schonungslos aus dem hinterhalt gefeuert
was die kranke seele so hergibt
schließlich kann einem ja keiner was
kein echter name kein ort kein nichts und kein niemand
genau das sind diese menschen nichts und niemand
lange genug habe ich mir diese kranken spielchen
angesehen lange genug habe ich die pöbeleien wortlos
und widerstandslos hingenommen
nun ist schluss mit lustig ich verlasse den
kriegsschauplatz und kümmere mich
um die wirklich wichtigen dinge des lebens«

und loggte sich aus
schnodgar musste unbedingt diesen beitrag
mit der bemerkung versehen
»da steht wohl jemand unter dauergras«

blaumann mischte sich mit irgendeinem spruch
der das wort salami enthielt ein

axelshirt meinte den damen
seine hilfe anbiedern zu müssen

lieschen ich sage dir
sodom und gomorrha im armen forenpoeten

elektra meldete sich zu wort
und fragte was denn diese angelegenheit
zu bedeuten habe und auch pia margarita
erwartete eine aufklärung des geschehens

konny schrieb dass sie nichts mehr
verstehen würde ihre bemerkung
war allgemeiner natur und falls sich jemand
dadurch persönlich angegriffen fühlen sollte
würde sie den kommentar mit dem ausdruck
höchsten bedauerns zurücknehmen

evita m b erschien auf dem plan
und machte die verwirrung komplett
»unrecht und öffentliche beleidigungen sind
für uns unerträglich und unverdaulich
in keiner weise auszuhalten oder zu ertragen
die sache hier ist einfach nur pfui und igitt
nun habe ich das zweite mal
in meiner forenlaufbahn
um welche es sich handelt ist unerheblich
zur wehr gesetzt gegen eine
ganz gemeine beleidigung
und schon schreit und lügt
die ganze welt gegen mich«

und loggte sich aus
es fehlte nur noch dornengestrüpp
ich hätte wetten können aber bevor ich dazu kam
stand auch schon ihr beitrag
in diesem unseligen fred und wie ich
vermutet habe wurde struppig
noch eins draufgesetzt
»ich habe dir meine meinung über dein produkt
persönlich mitgeteilt welches ich einfach nur
grottenschlecht fand und ich schrieb dir
es täte mir leid um mein geld
bei bruenhilde.ow und auch hier könnte ich ja
öffentlich darüber schreiben
aber ich wollte lieber persönlich
meinen frust über dein buch loswerden

nun hast Du genau das gegenteil erreicht
ich habe es öffentlich gemacht«

und loggte sich aus
nun bin ich davon ausgegangen dass sich
trolle nur einfach vermehren
obwohl yoga auch von invasionen sprach
und während ich noch nach erklärungen suchte
erreichte mich eine nachricht von elektra

»hallo liebe lilie

von konny weiß ich dass ich dir vertrauen kann
peter frustig hast Du auch enttarnt
schau dir bitte die beiträge der viererbande an
jeder beitrag ist mit elvira b gezeichnet
wir schreiben im gruppenchat
wenn Du magst melde dich an
wir beraten dann gemeinsam
liebe grüße
elektra«

elvira b also
lieschen den namen habe ich
doch schon irgendwo gehört
ich komme aber nicht darauf
spielt auch keine rolle es wird mir
schon wieder einfallen

weiter geht's
zuerst hatte ich schwierigkeiten
den richtigen raum zu finden und irrte
durch den grauen nebel
aber dann klappte es doch
und ich traf auf die anderen

das mit dem chatten in echtzeit
habe ich dir ja schon erklärt
ich erspare mir jetzt diese komische
darstellung und berichte einfach
nur den verlauf der gespräche

elektra hat mich willkommen geheißen
und pia margarita hat sich auch gefreut
konny war dann auch wieder da
sie hatte eine nachricht an elvira b
geschickt und ihr mitgeteilt
dass sie sie durchschaut habe
und was das gezänke solle
sie konny habe ihr elvira nie etwas böses getan

es müssen wohl sehr schlimme mails
an konny gegangen sein
die gute hat geweint
pia margarita hat sie getröstet
und elektra war will ich es vorsichtig ausdrücken
äußerst ungehalten

als sich alle ein wenig beruhigt hatten
konnte ich dann endlich
einige gezielte fragen stellen
zu evita m b und elvira b
doch außer der tatsache dass es sich
definitiv um einen super gafa also den
größten anzunehmenden forentroll angriff
handelte konnte mir niemand aus der gruppe
mit informationen über evita oder elvira dienen

pia margarita machte die gruppe
auf einen weiteren eintrag
im kleinen kaktusfred aufmerksam
evita m b hatte noch eins draufgesetzt

und tatsächlich einen ausschnitt aus konnys
mail an sie in ihren beitrag gesetzt
»uns wurde unterstellt auch kleiner kaktus zu sein
wir haben kein problem damit zu sagen
wir hätten ein buch über kaktüsse geschrieben
aber die art und weise dieser offensichtlich
persönlichkeitsgestörten frau uns anzuschreiben
anzuschreien könnte man sagen mit dem satz
›soll ich heiderose zu dir sagen oder dornengestrüpp‹
wir wussten erst gar nicht was sie meinte auf jeden fall
ist die art und weise wie diese verwirrte geistesgestörte
person sich öffentlich an uns die zähne zu fletschen
versucht ein fall für den staatsanwalt zumindest aber für
unseren rechtsanwalt nun verstehen wir auch besser ihr
buch welches sie geschrieben hat
nicht die fliegen sind das problem nein sie selber
ist das problem und überträgt es auf ihren
sauerstoffverbrauch
eine lehre und einen sinn haben wir aus dem ganzen
gezogen ist der mensch verdorben ein schlechter
dann kann auch sein produkt kein gutes sein
keinen gruß elvira b«

unter evita m b steht nun gast
sie hat sich also selbst gelöscht

freya fresena hat tatsächlich noch eine bemerkung
unter diesen beitrag geschrieben
»das ist an widerlichkeit nicht mehr zu überbieten
und ich kann nur hoffen dass diejenigen
die in diesen seilschaften mitwirken
nach einem solchen statement
einmal die augen öffnen und sich ansehen
mit was für einem niederträchtigen individuum
sie sich verbündet haben«

pia margarita hat dann umgehend
freya fresena in den chat geholt
und ich habe mich dann outen müssen

elektra war sehr ungehalten denn sie hatte
schon einige nachrichten an spitzwegerich
verschickt die alle unbeantwortet blieben
so musste ich denn mitteilen
dass der admin des armen forenpoeten
in der wüste gaby ohne internet und telefon
sozusagen verschollen ist

nach einigen gedenkminuten ergriff elektra
als erste das wort und fragte nach
wer denn in spitzwegerichs abwesenheit
die geschäfte für ihn führe
nun da musste ich mit der sprache heraus
und habe auch gleich angeboten
für den kleinen kaktusfred die funktion
unsichtbarmachen anzuwenden
pia margarita wollte von mir wissen
ob ich denn nicht das technische verständnis
dahingehend aufbringen könnte
den unseligen kaktusfred ganz zu löschen
da musste ich passen
zumal ich ja schon die ganze zeit über
verzweifelt versucht habe
die unsichtbartaste aufzufinden

konny hatte sich beruhigt und klärte die gruppe
über meine qualifikation auf
das lenkte von der funktion ab
die ich nicht finden konnte
und so erklärte ich kurz meine aufgabe
als trollminatorin im armen forenpoeten

es schmeichelte mir schon dass meine
zusatzausbildung eine unbekannte größe
für die gruppe darstellte und gerne plauderte ich
ein wenig aus dem nähkästchen

unser gruppengespräch fand ein jähes ende
als freya fresena uns auf einen weiteren beitrag
aufmerksam machte und wir hatten große mühe
sie davon abzubringen heiderose zu antworten
deren name jetzt auch
durch das wort gast verschönt wird
»freya fresena ausgerechnet Du
musst von seilschaften schreiben dabei hat sich
der stammtisch in den forenpoeten verirrt
aber das ist unter meinem niveau zum thema
wenn ihr ein buch lest und es einfach nur
schlecht findet die gründe lass ich hier mal weg
denn es handelt sich um eine reale reelle frage
würdet ihr wenn ihr ein buch einfach nur schlecht findet
eher gar keine rezension als eine schlechte schreiben
das buch hat drei gute rezensionen
leider kann ich die meinung der anderen rezensenten
in keinem punkt teilen wobei man mit ein wenig geschick
aus dem buch in der tat etwas hätte machen können
einen knaller oder so aber
dachte ich mir der potentielle käufer
soll ja auch die wahrheit und die ehrliche meinung
des lesers erfahren
darf ich als leser meine ehrliche meinung sagen
oder muss ich dann damit rechnen
mir für meine bücher auch eine negative rezension
quasi aus rache einzuhandeln«

elektra fand als erste zu ihrer muttersprache zurück
»das sieht danach aus als solle konnys buch
mit einer negativen rezension gesegnet werden«

ja liebes lieschen Du liest ganz recht
die lage spitzte sich zu
dieses schadensereignis machte die einberufung
eines krisenstabs nötig der für die koordinierung
der anfallenden maßnahmen wichtig war
als räumlichkeit sollte der chat dienen
weitere möglichkeiten der kommunikation
wurden durch das austauschen
der telefonnummern redundant gesichert
auf den betrieb der pc`s mit disaster management
software und eine notstromversorgung haben wir
allerdings verzichtet das musste auch so gehen
lange diskussionen sind in solchen fällen
eh unangebracht darauf wollten wir verzichten

als erste maßnahme haben wir gemeinsam erfolglos
nach der funktion unsichtbarmachen gesucht
pia margarita schlug dann vor am nächsten morgen
umgehend zu ihrem neffen kontakt aufzunehmen
der sich ihrer aussage nach
mit solchen dingen auskennt

von mir kam der vorschlag mich umgehend
mit marlice in verbindung zu setzen
irgendwie schwante mir dass es da ein gesetz gibt
welches solche handlungen schlicht verbietet und das
auch für schriftsteller oder autoren anwendbar ist
immerhin ist elvira eine mitbewerberin
auf dem buchmarkt und so etwas
gehört sich einfach nicht
vorab wollten wir aber auf jeden fall dafür sorgen
dass der troll elvira nicht mehr zu füttern sei
so habe ich dann selbst noch einen beitrag
gepostet mit dem hinweis
»an alle autorenkolleginnen und autorenkollegen
don't feed the trolls«

am nächsten morgen habe ich mit einem
unangenehmen gefühl in der magengegend
ein auge in den armen forenpoeten riskiert
natürlich wurde mein beitrag aufgegriffen
ausgerechnet troll denkerpinkel
die mobbende nervensägevariante
hatte sich durch einen beitrag hervorheben müssen
»alles soll zensiert werden was nicht in die eigene
kleine welt passt nicht das zu denken was alle denken
ist hier schon eine dreistigkeit ich fordere
die aufhebung der zensur«

alraune hatte auch geschrieben lieschen
keine viererbande elvira ist glatt
fünffach multiple unterwegs und ihr beitrag
ließ mir das blut in den adern gefrieren

»das buch nimmt also für sich in anspruch
nur spitzenrezensionen erhalten zu müssen aha
und wieviel sterne soll man dann einem wirklich
großartigen buch geben einem wirklichen großen
meister der schreibkunst einem bestsellerautoren
der zukünftige leser hat das recht
auf eine ehrliche rezension
eine autorin muss mit kritik leben und sie muss sich
diese auch zu herzen nehmen können
wenn jemand so hasserfüllt aufheult bedeutet das
dass der andere sieht
dass an dieser seiner wahrheit etwas dran ist
anstatt sich das buch noch mal vorzunehmen und zu
schauen was geändert und verbessert werden kann
werden himmel und hölle zusammen geschrieen
und die zensur gefordert«

lieschen es wird dich wundern
dass auch dieser beitrag aus der luft gegriffen wirkt

das ist auch ein deutliches zeichen für ein
unseliges trolltum wobei ich optimistisch
davon ausgehe dass elvira ein ›trollus frustus diaboli‹
also ein ›gefrusteter dumpfbackentroll‹ ist
wollen wir hoffen dass ich mich nicht irre

marlice konnte ich nicht erreichen die kanzlei
hat sich geschlossen die grippe genommen
in meiner firma ist der einzige justiziar
mein fachmann für steuerrecht
ich habe ihn ins vertrauen gezogen und er meinte
dass ich mit meiner vermutung durchaus
richtig liegen würde er wolle die angelegenheit
aber einer gründlichen prüfung unterziehen

pia margarita teilte mit dass ihr neffe
bezüglich dieser funktion auch nichts
ausrichten könne das ist äußerst unbefriedigend

dass elvira ihre drohung nicht wahr machen würde
stellte sich als frommer wunsch heraus
gegen mittag des tages konnten wir uns
davon auf konnys buchseite überzeugen

elvira hatte zugeschlagen unter dem pseudonym
kukakke war folgendes zu lesen
»was für ein scheußliches buch ich bin vom inhalt
sehr enttäuscht schade um das geld
müsste ich sagen wenn ich es bezahlt hätte
glücklicherweise bekam ich es durch eine
weitergabe an mich auf einer tombola
nicht nur dass die autorin in dem buch
bald mehr weiße als beschriebene seiten hat
ich hatte stets den eindruck
sie müsse doch nun endlich
zur sache kommen

ein gekrepel um wortfindungen und ständigen
nervtötenden satzwiederholungen
von den vielen fehlern im buch wollen wir hier
mal gar nicht reden vor veröffentlichung kommt
normalerweise der schweiß ein buch
wirklich lesenswert zu gestalten«

ein kleines sternchen zierte dieses werk
weniger kann nicht gegeben werden
kollektive sprachlosigkeit im chat
lieschen es war der anfang vom ende
von konny`s beschaulicher bruenhilde.ow seite
es ging schlag auf schlag

heiderose tausendschön rezensierte wie folgt
»ich hatte so eine art roman erwartet
zumindest in der art
auf jeden fall erwartete ich keine psychologische
biographie bei der man der autorin nur raten kann
möglichst schnell einen therapeuten aufzusuchen
es gibt gute weniger gute und bücher
die man am besten nie gelesen hat
das fliegenbuch gehört für mich dazu«

konny hauchte nur »das ist ein sachbuch
kein roman und auch kein fliegenbuch«
pia margarita tröstete sofort und schrieb uns
dass wir das auf keinen fall persönlich
nehmen sollten

elektra wurde rasend und versah auch diese
rezension mit einem äußerst heftigen kommentar
in dem sie von schriftstellermobbing schrieb
der einzige lichtblick in diesem finsteren
jammertal war leonce der sich wieder angemeldet hatte
und in der poesieabteilung ein gedicht einstellte
wohl um zu trösten die gute seele

»trolle*
der einstiegstroll macht was er will
der folgetroll verfolgt sein ziel
weil er nicht logisch folgen kann
verfolgt er seinen vordermann

die kette erst zwei glieder hat
die nächsten stehen schon parat
und hängen sich an diesen dran
wer vorne zieht schiebt hinten an

wo's hinführt wissen alle nicht
sie suchen selber ihr gesicht
zu finden scheint es ziemlich schwer
beim stochern im gesichtermeer

nach einer zeit verschwinden sie
vergeblich ist die liebesmüh
zu läutern ihren dummverlauf
sie geben meist von selber auf«

das tat den gequälten seelchen gut
und unrecht hatte er nicht denn
scheinbar hatten sich die fünf oder ein trolle
selbst zu gästen gemacht
die überlegung im krisenstab war natürlich
ob es sich nicht doch um zwei personen
handeln könnte denn bei bruenhilde.ow ist
eine mehrmalige anmeldung nicht möglich

eine schwäche des systems scheint aber zu sein
dass das bewertete produkt dort nicht auch
erworben werden muss
das öffnet notorischen trollen tür und tor
wer hätte das gedacht dass es unter kollegen
so viel neid und missgunst gibt
und lieschen das grauen nahm kein ende

der nächste tag begann wie die tage davor
mit heilosem durcheinandergegacker im
hühnehofchat der ja eigentlich den krisenstab
beherbergen sollte aber
es gab auch allen grund zur panik denn
mittlerweile war die zahl der negativen rezensionen
auf fünf angestiegen furchtbar
ich erspare dir die einzelnen beiträge
stil wortwahl und inhalt wichen kaum
voneinander ab und waren in ihrer boshaften art
kaum von den ersten zu unterscheiden

konny war am boden zerstört
so etwas hatte sie nicht verdient
das team sprach mut und trost zu
so sehen wir uns als team
einhellig waren wir aber der auffassung
dass konny komplett aus der schlacht
herauszuhalten sei denn dass wir
mit vereinten kräften gegen diese
unheilvolle trollverbindung angehen wollten
stand fest und wurde durch den schlachtruf
›einer für alle alle für einen
wo wir sind ist vorne‹ besiegelt

den bericht meines justiziars
der auch seine betroffenheit zum ausdruck brachte
immerhin ist er ein großer verehrer
von konnys schreibkünsten
trug ich der gruppe vor

in der tat gibt es gesetzliche vorgaben
die das niedermachen von produkten
eines mitbewerbers schlicht verbieten
konny müsste einen anwalt einschalten
der entsprechend handelt

so die theorie die praxis sieht anders aus
denn wenn der schwippschwager über
seinen account so heißt das lieschen
diese rezension eingestellt hat
ist dem schwer beizukommen
das einzige sind die falschen behauptungen
das ganze kann per einstweiliger verfügung
erwirkt werden kostet geld und wenn konny
pech hat bleibt sie auf den kosten sitzen
es wäre mehr
ein exempel das statuiert werden könnte

selbstverständlich habe ich konny angeboten
das prozesskostenrisiko zu übernehmen
das ist für mich eine frage der ehre
sie bedankte sich unter tränen bei mir
meinte aber es sei für sie
auch eine frage der ehre
und darum könne sie meinen vorschlag
nicht annehmen so lieb er auch gemeint sei

pia margarita hakte denn auch nach und
fragte mich ob ich denn so gut situiert sei
dass ich ein solches angebot unterbreiten könne
was sollte ich machen lieschen
in kurzen zügen musste ich also
meine wirtschaftlichen verhältnisse klar legen
vertrauen ist der anfang von allem
und wenn wir in den krieg ziehen wollen
dürfen wir keine geheimnisse voreinander haben

so lieschen das ist der status quo und ich befürchte
dass wir vom status quo ante endgültig abschied
nehmen müssen die zeit ist reif darum werde ich
versuchen charlotte um hilfe zu bitten
davon werde ich dir in meinem nächsten brief berichten

Kaum dass ich meinen gedanken gedacht hatte
war charlotte schon zur stelle
sozusagen in gedankengeschwindigkeit
sie wirkte sehr betrübt und meinte
»sage nichts ich weiß um die dinge«
das ist der vorteil der guten seele
sie ist immer im bilde

»charlotte« fragte ich sie »was soll ich tun«
»kämpfen« war ihre antwort
»gegen einen feind den ich nicht kenne
oder sind es viele feinde
charlotte Du musst mir helfen«

»hilf dir selbst dann helfen dir die seelen
du lebst in der menschwelt ich in der geistwelt
dazwischen liegen welten«

mir platzte der kragen
»charlotte Du kennst konny auch viele jahre
und sie kann dich auch sehen wir sind verbunden
wenn Du mich im regen stehen lassen willst
dann muss ich das akzeptieren
aber konny heult sich die augen
im krisenchat aus und wir brauchen
keine weisen worte so wichtig sie auch
für unsere spirituelle entwicklung sein mögen
wir müssen gas geben und sollten zusammenarbeiten
also bitte charlotte sprich ohne furcht
was weißt Du von dr.elvira mayer-boekloppt«

charlotte seufzte
»eine person mit diesem namen existiert nicht«
»das verstehe ich nicht ich habe doch mit ihr
noch vor kurzem telefoniert
ihr gehört doch der verlag ›schön durch reichtum‹«

also lieschen wenn ich dir
den anschließenden dialog zwischen
charlotte und mir wortwörtlich schreiben wollte
würden weder papier und tinte noch zeit reichen
darum teile ich dir jetzt nur das ergebnis
unseres gespräches mit
dir werden die haare zu berge stehen

ich werde versuchen mich kurz zu fassen
elvira hat irgendwann heinz boekloppt geheiratet
und sich davon ein leben in materiellem wohlstand
ohne großen arbeitsaufwand versprochen
sie sieht ihn sozusagen als ihren versorger an
heinz ist für elvira also ein nützlicher idiot

natürlich kam es wie es kommen musste
elviras seele machte irgendwann nicht mehr mit
und so landeten beide in einer fachklinik
dort lernte elvira dieter kennen und
ging mit ihm eine unheilvolle allianz ein
elviras seele ging daraufhin ins exil
wo sich dieters seele schon seit geraume zeit befand

ein leben in arbeit und armut war aber für elvira
nicht vorstellbar so kehrte sie
zu ihrem mann zurück und überlegte sich
ihr gelebtes leben zu papier zu bringen
und schriftstellerin zu werden
da ihr heinz aber nicht in ihre seelenabgründe
blicken durfte erfand sie den namen
›heiderose tausendschön‹ und brachte mittels
gutschein ihr erstes buch auf den markt
und am sonntag mit kuchen ihrem heinz
das extra pfund kaffee frisch gebrüht auf den tisch

lieschen es kommt noch schlimmer

in unmittelbarer nähe dieser fachklinik befindet sich
in exklusiver wohnlage das gemeindehaus
einer exklusiven betgemeinschaft auf die es
elvira auch abgesehen hatte
aber die aufnahmebedingungen waren dermaßen
streng angesetzt dass elvira keine chance hatte
in den elitären kreis der schwestern und brüder
aufgenommen zu werden
das bereitete elvira ungemach und so
suchte sie nach einem ausweg
da sie für heiderose tausendschön eh
eine homepage gestalten wollte
lieschen das ist so etwas wie
eine visitenkarte nur wesentlich umfangreicher
und nur im internet so möglich
hatte sich elvira überlegt
als adresse für den homepageverwalter
diese anschrift der betgemeinschaft anzugeben
wenn sie selbst nicht in einer villa leben konnte
sollte es wenigstens heiderose tausendschön

und mit diesem namen bestellte sie auch
produkte bei bruenhilde.ow und gab
ihre bankverbindung an
dem briefträger erzählte sie
dass sie unter pseudonym schreibe aber
er würde ja unter schweigepflicht stehen
und auf diese müsse sie pochen
nun hatte elvira schon drei accounts bei bruenhilde.ow
zählen wir ihren eigenen und den ihres mannes dazu
der davon natürlich nichts ahnte

und weil das so gut geklappt hatte
brachte elvira weitere bücher heraus
unter den verschiedensten namen
mit verschiedenen adressen

aber alle mit der gleichen bankverbindung
allerdings machte der briefträger ihr bereits
bei der zweiten lieferung unter falschem namen
probleme und meinte es sei das letzte mal
dass er so etwas durchgehen lasse
denn er müsse sich auch an geltendes recht halten
dadurch machte er sich unbeliebt bei elvira
das machte aber nichts denn
in der dorfgemeinschaft ist sie eh
nicht gut angesehen und wird
von den bewohnern nur die boekloppte genannt

aber immerhin mit den vier accounts
ließ sich bei bruenhilde.ow schon einiges erreichen
natürlich schrieb sie sich damit
für ihre eigenen bücher hervorragende rezensionen
und konnte auch die ein oder andere
negative meinung für die bücher der mitautoren
loswerden bislang hatte sie es aber
nie übertrieben

elviras problem war und ist allerdings
dass sich keine leserschaft für ihre bücher findet
immerhin hatte sie sich mit ihrer eigenen
und der verwandtschaft ihres gatten überworfen
bekannte und nachbarn haben sich zurückgezogen
und außenstehende nehmen sie überhaupt nicht
zur kenntnis was elvira sehr betrübt
so kam ihr der gedanke einen verlag zu gründen
denn damit erhoffte sie sich ansehen und erfolg
nun ist es um die eigenen finanziellen mittel
von elvira nicht zum besten gestellt
sie hat zwar einige gutscheine und entsprechend
auch einen guten kaffeevorrat angelegt
aber größere investitionen
lässt ihr haushaltskonto nicht zu

so nahm sie wieder kontakt zu dieter auf
der sich zwischenzeitlich mit einer wohlhabenden
unternehmerwitwe vereinigt hatte
um elvira nicht in seine neue beziehung
einbrechen zu sehen willigte dieter ein
elvira in ihren bestrebungen der verlagsgründung
mit ganz bescheidenen mitteln in der anfangsphase
zu unterstützen machte es aber
von der bedingung abhängig in irgendeiner form
im verlagsnamen zu erscheinen
elvira konnte ihn davon überzeugen dass der begriff
›schön durch reichtum‹ auch suchmaschinentechnisch
unbedingt verwendet werden musste aber
sie wolle ihn in ihrem neuen namen einbringen
und da elvira nur einen
schwachen bildungsabschluss hat und sich dabei
doch immer zu etwas höherem berufen fühlt
kürzte sie dieter einfach ab und kam so
zu akademischen würden
den namen mayer hatte sie von einer gewissen
lieschen mayer gemopst welche sich auch bei
bruenhilde.ow als rezensentin tummelt und deren
schreibstil sie insgeheim bewundert

so wurde aus elvira frau dr. elvira mayer-boekloppt
zumindest in den briefköpfen
dieter war begeistert und sponserte die anzeige
auf die ich ja dann auch hereingefallen bin

in ihrer abstellkammer räumte elvira
gurkengläser und kaffeepakete zur seite
um sich ein wandbüro einzurichten
leider blieb der erfolg auch diesmal aus
scheinbar kaufen autoren lieber gutscheine
als dass sie sich auf verlagsvorschuss einlassen

konnys erfolg und das eigene scheitern
wurden für elvira zu einer unerträglichen sache

ja liebes lieschen elviras leben ist auf betrug
und selbstbetrug aufgebaut
kein wunder dass sich ihre seele abgewendet hat

charlotte und ich haben eine weile
schweigend verbracht
dann habe ich sie gefragt was wir tun könnten
»kämpfen« meinte meine charlotte
ach lieschen würden sich doch alle menschen
mit ihren seelen so verstehen wie ich mich
mit meiner charlotte die mir übrigens wieder
das meditieren besonders nahe legte und
ich solle mich in sachen transformation kundig tun
bevor sie sich wieder verflüchtigte

lieschen wissen ist manchmal
wirklich ohnmacht und nicht macht
ich sitze jetzt hier und überlege wie ich
meine informationen dem krisenstab mitteile

wir beide kennen uns
und auch konny ist eingeweiht
immerhin hat sie ja ihren geist hugo
der ururgroßvater mütterlicherseits

aber wenn ich dem team erzähle dass mir
die seele meiner uromi die durch mich
wiedergeboren ist und mir als geistwesen
zur seite steht die information geliefert hat
wird das team für mich auch einen betreuer suchen

den übrigens elvira hat
und der
weiß von nichts

den abend und die nacht verbrachte ich
mit meditation lesen meditation lesen
bis ich über der meditation einschlief

im chat wurde ich am nächsten morgen
mit einer guten nachricht und einer anfrage begrüßt
ein schriftstellerkollege von kornelia
walter von der vogelheide hatte einen kommentar
zu heideroses rezension verfasst
und nun wurde ich von den teammitgliedern gefragt
ob ich einwände hätte walter in den krisenstab
aufzunehmen die hatte ich nicht
so stockte das team auf sechs krieger auf
die gespannt auf meinen bericht warteten
ich habe mich sehr elegant aus der affäre gezogen
indem ich einfach behauptete
dass ich aus gut informierten kreisen
gewisse informationen erhalten habe
nun wird das team sicher davon ausgehen
dass ich einen privatdedektiv
auf elvira angesetzt habe
sei es drum es spielt keine rolle
wenn es denn der sache dient

mein erster vorschlag war der dass alle negativ
bewerteten rezensionen mit einem kommentar
zu versehen seien also walters vorgehensweise
noch verstärkt werden müsse so würden wir deutlich
machen dass konny unterstützung erhalte
das wird den feind verunsichern

mein zweiter vorschlag war der
im armen forenpoeten
die angelegenheit vorzustellen und
zur solidarität für konny aufzurufen

dieser vorschlag wurde ebenfalls angenommen
und von pia margarita sofort in die tat umgesetzt
konny berichtete dass sie von meiner belegschaft
einen blumenstrauß geschickt bekommen habe
verbunden mit den besten wünschen für mut
und kraft die sie jetzt in dieser schlimmen zeit
wirklich braucht

lieschen ich muss gestehen ich bin stolz
auf meine mitarbeiter das haben die fein gemacht

auch aus dem armen forenpoeten kamen worte
der unterstützung selbst blaumann verurteilte
diese racheaktion und meinte dass diese tat
eine schande für alle autoren und schriftsteller sei
und forderte den ausschluss von elvira aus der
forengemeinschaft bevor er wieder
ausführlich etwas über salami schrieb

denkerpinkel erinnerte blaumann an die gastrolle
die elvira nun spielte und dass sie sich selbst
mitsamt ihrer pseudonyme entfernt habe
grundsätzlich würde er das recht auf
freie meinungsäußerung bis aufs blut verteidigen
aber was auf bruenhilde.ow abginge sei
eine sauerei und in seinen augen autorenmobbing

mir kam dann die idee konnys verkaufsrang
mit stützungskäufen ihrer bücher zu stabilisieren
was aber überhaupt nicht nötig war
wie ich feststellen konnte hatte sich
der verkaufsrang tatsächlich verbessert

im krisenstab habe ich meine hoffnung
zum ausdruck gebracht dass auch blaumann
seinen starken worten taten folgen ließe

freya fresena nahm mir aber jegliche illusion
blaumann habe ein vermögen für eine 1957er
tiegeldruckpresse gezahlt weil er sich damit hatte
modernisieren wollen und diese an seinen laptop
angeschlossen jetzt würde er in seinem werkraum
schwitzend davor sitzen ständig die entertaste drücken
und sich fragen »warum druckt das ding nicht«
»das ist eine feine alte minidruckmaschine
macht geräusche wie ein nilpferd
aber so bekommt er natürlich sein buch nie gedruckt«
gelächter im krisenstab
»woher weißt Du das« fragte elektra
»hat mir hedwig eine seelenverwandte erzählt«
meinte freya
lieschen das lässt tief blicken

walter warf die frage nach dem fünften nick auf
›master`s voice‹ war für eine negative bewertung
verantwortlich etwas wäre da anders

diese frage konnte pia margarita beantworten
ihr sei von einer verwandten mütterlicherseits
mit namen klara gesteckt worden dass hinter
master`s voice dieser unselige dieter stecken würde
worauf walter antwortete dass er das mit dem
akademischen titel bei elvira so überhaupt nicht
verstanden und was dieter damit zu tun habe

nun führte pia aus »nimm lieber walter den ersten
und letzten buchstaben von dieter also d und r
füge beide zusammen zu dr versehe diese
mit einem punkt setze die buchstaben
vor einen namen so hast Du ohne große mühe
den anschein erweckt als hättest Du
deinen doktor gemacht«

»und was ist mit dieser homepage
da ist doch auch etwas faul so etwas ist
sicherlich verboten weil betrug das muss doch
auffliegen irgendwie denke ich einmal«

»lieber walter« erklärte elektra »sicherlich könnte es
irgendwann einmal auffliegen und tatsächlich
wenn dem so ist für diese betgemeinschaft
zu einem großen problem werden denn
wie wollen sich diese braven leute rausreden«

»das ist ja entsetzlich« meinte walter
»wir sollten diese leute warnen«

»alles zu seiner zeit« merkte pia an
»im moment müssen wir in diese richtung
nicht hinarbeiten denn es sieht ja so aus
als wenn sich nach wie vor kein mensch für die bücher
von heiderose tausendschön interessiert
ihre eigenen werke werden ja nicht besser
wenn sie die ihrer mitbewerber mies macht«

»elvira ist eindeutig ein ›tadus‹
ein ›trollus abnormus destructivus‹ und damit
eine gefahr für alle foren nicht nur für
den armen forenpoeten« fügte ich an
»alleine die tatsache dass sie als ›govinda‹
negativ rezensiert zeigt deutlich
dass ihr nichts heilig ist«

»worauf ich ihr gleich einen kommentar
verbraten habe« schrieb elektra
»so ein unerlöster buddha kann ganz schön abätzen«

»das hast Du fein geschrieben« meinte pia
und machte uns auf ein neues gedicht von leonce
im armen forenpoeten aufmerksam

»trollminator*
trolle die in foren stechen
anderen die knochen brechen
sollten sich beizeiten hüten
trollminator wird bald wüten

noch ergeh'n sie sich im protzen
woll'n mit kraft von andren strotzen
urgehob'nes ist nicht heilig
stehlen texte tausendzeilig

und die gier nach fremden federn
lässt sie lästernd drüber zetern
damit schmückt es sich noch besser
doch gib acht dort kommt der fresser

trollalarm in aller munde
trollminator macht die runde
wo er einmal hingeschlagen
trolle nie mehr köpfe tragen«

auf der einen seite fühlte ich mich natürlich
geschmeichelt aber dass leonce so blutrünstig ist
hätte ich doch nicht erwartet

aber freya konnte das erklären
elvira hatte unter dem pseudonym
›agenda alraune‹ einen gedichtband herausgebracht
die poetischen beiträge hatte sie einfach
von leonce abgeschrieben der seine gedichte
in den forenpoeten für jedermann zugänglich
eingestellt hatte und frech behauptet
die gedichte seien von ihr und leonce
habe abgeschrieben
das erklärte natürlich alles wir waren entrüstet
und schockiert über so viel dreistigkeit
diesem troll muss das handwerk gelegt werden

grundgütiger liebes lieschen
sei mir nicht böse aber ich komme erst jetzt dazu
dir zu schreiben und dir den aktuellen stand
der dinge mitzuteilen

meine memoiren habe ich fürs erste
auf eis gelegt ich denke mir
wer interessiert sich dafür
wie ein unternehmen aufgebaut und geführt wird
das ist doch pillepalle
die story mit elvira wäre da
ein ganz anderes kaliber
da würde sich sogar eine leserschaft finden und
die erstellung eines solchen buches
wäre auch einfacher denn
im grunde genommen bräuchte ich nur
die funktionen kopieren und einfügen
der gedanke kam mir als ich feststellte
dass mir der kaffee zur neige ging

aber das sind müßige gedankengänge
ich wollte ja über die ereignisse berichten
hier eine kurze zusammenfassung

elvira brachte unruhe in ihre rezensionen
als ihr die kommentare zu viel wurden
löschte sie govinda`s rezension und ersetze sie
durch eine ähnliche mit dem neuen nick ›blümchen‹
worauf elektra umgehend reagierte
»und hier ein buddha der die letzte ausfahrt ins nirvana
offenbar versemmelt hat«

ich will ja nicht merkwürdig erscheinen
aber auf irgendeine art fing die sache an
uns spaß zu bereiten

im armen forenpoeten loggte sich ein ›gänseblümchen‹
zeitnah ein und postete unter dem solidaritätsfred

»ich bin gegangen worden
da ich festgestellt habe dass
ich mit den menschen hier
keine gemeinsamkeit habe
sie haben bedingt durch eine
kette von umständen ihr wahres
inneres gezeigt welches abgrundtief
schlecht scheint das stößt mich einfach
nur ab da werden einem sachen
untergeschoben die gar nicht zutreffen
außerdem gibt es mehrere menschen die
unseren namen tragen und da müssen
auch trittbrettfahrer unterwegs
sein die meinen ruf ruinieren
wollen«

worauf ich ihr antwortete
»elvira Du bist hier eine persona non grata«

»wieso grappa« antwortete sie
»willst Du damit andeuten dass ich trinke«
elvira hatte es eindeutig nicht so
mit der fremdländischen sprache

»elvira« konterte ich »gib dieter das d und r zurück
und versuche über abendschule zumindest
die mittlere reife nachzuholen«
und schwubs stand unter gänseblümchen gast

bei bruenhilde.ow war sie nicht zu bremsen
sie schaffte es in der tat alleine mit heiderose
drei unterschiedliche rezensionen zu setzen
und wunderte sich dass sie jedes mal
erwischt wurde

ich gestehe lieschen es gibt da einen trick
und auch um den anzuwenden stehen
bei bruenhilde.ow funktionen zur verfügung
ich suche ja immer noch die zum unsichtbar machen

auf jeden fall besteht die möglichkeit
beim rezensenten auf kommentare zu klicken
und dann erscheinen die gelöschten beiträge
sozusagen werden alle schandtaten gesammelt

das hat es dem team kolossal erleichtert
den überblick zu behalten

elektra kam dann auch noch mit einer neuigkeit
ums eck die sie von einer entfernten verwandten
mit namen gertrud erfahren hatte
angeblich sollen elvira und dieter gemeinsam
schwarze messen gelesen haben
was immer das auch gewesen sein mag
es schien dieter gegenüber seiner witwe
peinlich zu sein er fürchtete wohl
sie könnte anstoß
an seiner vergangenheit nehmen
oder ihm sogar den geldhahn zudrehen
darum hat er ihr auch geflissentlich vorenthalten
was auch immer es war mit elvira und ihm

auf jeden fall bot sich elektra an
die sache mit ›master`s voice‹ zu einem
abschließenden ende zu bringen
sie sei es leid trauer tragen zu müssen
meinte sie
und bedachte dieter mit einigen
satanischen versen die ihn zum sofortigen
löschen seiner rezension veranlassten

konny schickte umgehend ihren ururopi hugo
auf den weg der ihr kurz darauf mitteilte
dass dieter sein dr. von elvira zurückhaben wolle
elvira könne das geld für die anzeige behalten
aber dafür müsse sie aus seinem leben verschwinden

dieser erfolg wurde im krisenstab ausgiebig gefeiert
aber es gibt noch mehr frohe kunde lieschen

durch meine schilderungen könntest Du vermuten
dass bruenhilde.ow nur eine plattform für autoren sei
dem ist nicht so
in der tat gibt es mehr leser
als schriftsteller auch wenn
durch meine briefe an dich
ein anderer eindruck entstanden sein könnte

dieses desaster hat tatsächlich viele menschen
auf konnys buch aufmerksam gemacht
›mitleid bekommt man geschenkt
neid muss man sich erarbeiten‹
und so haben sich viele leser wohl gedacht
»da mache ich mir selbst ein bild
und bild mir meine meinung«

konnys buch ging und geht weg
wie warme semmel
und
für jede negative rezension
gab es drei positive bewertungen
und da elvira irgendwann mit dem löschen
von alraunes beitrag auch noch
das entsprechende passwort verschusselt hatte
stand das verhältnis abschließend
bei achtzehn zu drei
das nenne ich ein geglücktes beispiel
für transformation
»damit lässt sich leben« meinte konny
und auch das team war zufrieden

im armen forenpoeten ging alles
weiter seinen gewohnten gang

blaumann hatte seine bemühungen mit der
druckmaschine kurzfristig unterbrochen
und einen neuen fred eröffnet
»weshalb die aufhebung der buchpreisbindung
den untergang des abendlandes
wie wir es kennen darstellt«
worauf alle verfügbaren trolle sofort
gnadenlos konterten

lieschen ich muss gestehen
da ich an der bruenhilde.ow front nicht einmal
blaumanns rücklichter gesehen
geschweige denn dort einen kommentar
von ihm gelesen habe fiel es mir schwer
mich richtung forum in bewegung zu setzen
und auch den teammitgliedern fehlte es
an der nötigen motivation zumal
freya mit der information herausrückte
dass spitzwegerich nicht
in einer wüste gaby verschollen
sondern seiner jugendliebe gabriele
die ein wüstes luder sein soll
wieder begegnet sei

immerhin hatte er die letzten jahre
in der virtuellen welt des web verbracht
und gaby führte ihn zur erleuchtung dergestalt
dass er raum und zeit glatt vergaß
und endlich wieder seinen körper spürte
so wurde ihm das forum von tag zu nacht
immer schnurzer

welch gute seele doch freya fresena beseelt
dass sie uns mit solchen meldungen dient

walter war traurig
er fühlte sich etwas seelenlos

wir sprachen ihm mut zu und meinten
»alles wird gut
kommt zeit kommt seele«

doch die sache mit der betgemeinschaft
ließ walter nicht zur ruhe kommen

so klickte ich mich
auf elvira boekloppt`s seiten
und stellte fest
dass sie die verantwortung
für ihr tun in die hände
ihres noch immer
ahnungslosen betreuers
gelegt hatte
indem sie einfach bei rückfragen
auf ihn verwies
und dieser verfügt für solche fälle
über eine entsprechende
rechtschutzversicherung

da sich aber wohl auch in zukunft niemand
für elviras bücher interessieren wird
ist es höchst unwahrscheinlich
dass ein versicherungsfall eintritt

heinz boekloppt hat durch den massiven
kaffeegenuss der letzten zeit
das magendrücken bekommen
unter dem elvira schon länger leidet
die beiden sind auf ostfriesentee umgestiegen
das macht den gutscheinkauf unattraktiv

außerdem hat sie eh den spaß
an büchern verloren und auch
an foren wie charlotte mir berichtete

dafür betreibt sie einen eigenen blog
und schreibt täglich über die abenteuer
die sie mit ihrem hund bei waldspaziergängen
oder ohne hund in arztpraxen erlebt
elvira boekloppt hat es im kreuz
wie mir charlotte berichtete

wird aber nicht müde in ihrem öffentlichen
tagebuch fast täglich über konnys mangelnde
fähigkeiten als schriftstellerin herzuziehen
und das ›halunkenteam‹ zu degradieren
es interessiert sich trotzdem niemand für sie

*d*a der krisenstab in seiner form
nicht mehr vonnöten war kam die überlegung
wie weiter zu verfahren sei

immerhin stellten wir fest dass diese krise
unseren zusammenhalt verfestigt hatte
und ein gemeinsamer blick
in das adminlose forum ließ uns nachdenken
über den status quo und antes und darüber
dass wir uns eigentlich auch nach letzterem
nicht unbedingt zurücksehnten

einsam stand in der poesieabteilung
ein gedicht von leonce
dass auch unsere gefühle
zum ausdruck brachte

»forentrolle*
keifen hetzen fetzen fliegen
schreiberlinge sich bekriegen
lassen ihre würde fliegen
und die wahren sieger siegen

denn sie sind die konkurrenten
die nicht damit zeit verschwenden
albern drittklassig zu enden
tragen den erfolg auf händen

wer ihn hat der muss nicht protzen
wer was auf sich hält nicht strotzen
wenig reden und mehr klotzen
anstatt andre anzumotzen
wahre grösse ist nicht sichtbar
nicht dem größenwahn verpflichtbar
ein ersatz nicht unverzichtbar
der zerstört was ein gesicht war«

pia margarita schlug vor leonce in den chat zu rufen
und dieser stimmte freudig zu
gemeinsam lösten wir den krisenstab auf
um uns als gemeinschaft zu formieren
die dem forum geschlossen den rücken kehrt
sich miteinander auf zu neuen ufern schwingt
›gemeinsam sind wir stark‹
weißt Du lieschen ich denke
diese ausbildung zur trollminatorin
war eine gute sache denn
wenn ich es recht betrachte
trolle gibt es auch im realen leben
sie sind nachbarn kollegen und auch
solche die sich freunde nennen
und wer solche trolle in seinem umfeld hat
braucht ganz gewiss keine feinde mehr

13.Juli 19:00 MEZ

liebes lieschen
heute ist ein ganz besonderer tag

es ist der besondere tag
an dem sich die schriftstellergemeinschaft
der ich jetzt auch höchst offiziell angehöre
mit seinem eigenen blog
der öffentlichkeit stellt
und stell dir vor
wir werden gelesen
weil wir etwas mitzuteilen haben
jeder auf seine art und wie es ihm beliebt

und weißt Du was das schöne dabei ist
kein troll kann unsere harmonie stören
denn die tür bleibt verschlossen
und mitmachen darf nur der
dessen weste sauber ist

dafür sorgen schon
charlotte klara hugo
gertrud hedwig
und neu dazugekommen
waldemar und lena

und sie lassen dich lieschen

und natürlich deine grete

herzlich grüßen

dem schließe ich mich an

fühle dich umärmelt

von deiner

lyrich

Anmerkung

Natürlich ist die Geschichte in dem modernen Märchen ForenTroll völlig frei erfunden. Als Autorin habe ich mir große Mühe gegeben, auch die Namen, die in dem Märchen vorkommen, frei zu gestalten. Eine Elvira Boekloppt gibt es genauso wenig, wie es eine Lyrich gibt. Bei den Nicknamen habe ich mich auch auf meine Phantasie verlassen. Ganz ausschließen kann ich natürlich nicht, dass es in den weiten des wild web`s noch ein Gänseblümchen oder eine Alraune, einen Peter Frustig oder eine Elektra usw. gibt. Wenn dem so ist, dann darf ich versichern, haben sie nichts mit meiner Geschichte zu tun.

Und da ich mich nicht mit fremden Federn schmücke, darf ich darauf verweisen, dass einige Beiträge nicht aus meiner Tastatur stammen. Die wundervollen Gedichte, mit einem* gekennzeichnet, sind aus der Feder eines lieben Autoren-kollegen, der mir seine Trollgedichte exklusiv für dieses Buch geschrieben und zur Verfügung gestellt hat.

Walter-Jörg Langbein, auch ein von mir geschätzter Mitautor unserer Schriftstellergemeinschaft, hat das Vorwort geschrieben. Auch an Walter meinen herzlichen Dank.

Meinen Kolleginnen Ursula Prem, Rita Hajak und g.c.roth danke ich auch herzlich, in erster Linie für ihre Geduld und für so manchen Spruch, den ich verwenden durfte.

Das Trolltum gibt es wirklich. Wer das nicht glauben will, den verweise ich auf HeiseForenWiki, die freie Wissensdatenbank. Und damit möchte ich mich bei dem Verwalter dieser Datenbank sowie beim Heise-Verlag bedanken, dass ich mir keine Wortfindung habe einfallen lassen müssen, sondern den Begriff Heise ohne Probleme verwenden darf. Auf die Wiki-Seite möchte ich an dieser Stelle besonders hinweisen, falls jemand an mehr Information zum Thema interessiert ist, wird er dort fündig.

Den Grad der Unanscheißbarkeit habe ich vor längerer Zeit erworben, aber nicht in Verbindung mit einer Trollminatorenausbildung. Die gibt es leider noch nicht, genauso wenig wie es Yoga Bookwalker gibt. Aber es wäre vielleicht ein Denkanstoss…

Nicht vergessen darf und möchte ich meine liebe Freundin Renate Berkemeier, die wieder das Titelbild fotografiert hat, das dann von mir bearbeitet wurde.
Bei ihrem Mann Detlev bedanke ich mich auch, denn hätte er nicht für die Beseitigung meiner technischen Probleme gesorgt, wäre der ForenTroll wohl weiterhin nicht mehr als das Produkt einer Phantasie in meinem Kopf geblieben.

Sylvia B.

Weitere Publikationen von Sylvia B.

hexenhausgeflüster
Ein modernes Märchen für Erwachsene

ISBN 978-3-8370-3578-0

briefe an lieschen
Ein modernes Märchen für Erwachsene

ISBN 978-3837038415

der tiger am gelben fluss
Texte und Illustrationen

ISBN 978-3837038224

menière desaster
der Feind in meinem Innenohr

ISBN 978-3837095753

Sylvia B. ist Mitautorin in der Schriftstellergemeinschaft
›Ein Buch lesen‹
www.ein-buch-lesen.com & ein-buch-lesen.blogspot.com/